i-BOSAIブックレット
No. 2

誰一人取り残さない防災のための、当事者力アセスメントの進め方

立木茂雄 監修
Tatsuki Shigeo
森保純子 著
Moriyasu Junko

●目　次

まえがき

日頃から個別支援を行う皆さんは、スマートフォンに「○○地域に警戒レベル3相当。」という表示と避難を呼びかけるメッセージを見るたびに、利用者さんの姿が目に浮かび、どのように過ごされているか心配な気持ちになったことがあるのではないかと思います。私たち福祉専門職は、利用者さんが安心して安全に暮らせるように、利用者さんの福祉の向上のために日々活動をしています。しかし、平時の暮らしは守れても、非常時のことを考えると、私たちの支援は途端に途絶えてしまうように感じるのではないでしょうか。自然災害が多発する今の日本において、初夏の梅雨時期も、夏から秋の台風や長雨の時期も、そして突然に地震が起こる時にも、どうすれば利用者さんの安心安全な生活を守ることができるのでしょうか。そもそも、それは一人で数十名を担当する福祉専門職にとって、可能なことなのでしょうか。

このブックレット第二号では、福祉専門職がすべき、利用者さんの暮らしを災害時にも安心安全に備える方法をお伝えします。

「備えあれば憂いなし」と言います。特に自然災害はいつどのように起こるのが予想が難しいものですから、備えをしっかりとしておくことが生命や生活を守ることにつながります。そして、日々の生活を福祉・医療サービスを提供することで支える福祉等専門職は、自然災害発生のまさにその時に、それぞれの利用者さんのところへ駆けつけることは叶いません。私たちにできることは、日頃から自然災害発生時への備えを進めることだけであり、利用者さんの生活に「備えあれば憂いなし」の状態をしっかりと築くための支援が、私たちにできるすべてです。

しかし、これまでの福祉専門職を育成する過程に、防災についての学習は求められていませんでした。それどころか、少し前までは、訪問サービスや通所サービスなどの福祉サービスは、平時に提供されるものであり、災害が発生した際にはそれらが稼働せず、利用者さんを支援できないことは当然に考えられていました。そして、「防災の支援は危機管理部局の担当である」、「福祉は平時の支援を担当する」などと、平時と非常時に支援が分断されることが当然のように考えられてきました。

このブックレット第二号では、第一号で解説した内容について、特に個別支援を行う福祉専門職が利用者さんの防災に関するアセスメントと個別避難計画の作成の支援ができるように具体的に解説をします。このブックレットを活用し、福祉と防災の連携の視点を身につけるとともに、防災に関する個別支援と計画作成の技術を身につけていただきたいと思います。そして、利用者さんが発災時には難を逃れ命を守れるように、日々の支援の中で取り組みを始めていただきたいと思います。

難しいことではありません。「利用者さんを守りたい」という気持ちがあれば、このブックレットを読み終わるころには、新しい視点が身につき、利用者さんに寄り添い防災を考える一歩が踏み出せるはずです。さぁ、一緒に学んで、そして取り組んでいきましょう。

二〇二二年七月一九日

森保純子

1 はじめに

講義を始める前に

皆さん。こんにちは。これから、福祉サービスの利用者さんの災害への備えのための、当事者力アセスメントの進め方について学びましょう。私は、兵庫県社会福祉士会の森保と申します。よろしくお願いします。

さて、この防災対応力向上研修では、福祉専門職の皆さんにとって、初めて学ぶことが盛沢山だと思います。今から、「当事者力アセスメント」、すなわち、利用者さんご本人の防災や災害時に関するアセスメントについて学びますが、今の時点で、皆さんの心の中には様々な疑問が浮かんでいると思います。

例えば、

「防災のことって、知らないし……」

「本人が「逃げたい」っておっしゃるかなぁ?」

「アセスメントってどんな順番で、何をしたらいいんだろう?」

「なんだか、難しそう……」

「計画書って、どうやって作るの?」

「利用者さん全員の計画を作るの？」

「地域の人が、協力してくれるかな？」

そのような疑問があると思います。今の時点では、それで当然です。これらの疑問が理解へ変わるよう、一緒に学んでいきましょう。

講義の目的と内容

最初に、この講義の目的と内容についてご説明します。

第2章では、まず、ハザードマップについて学びます。

その後、個別避難計画（第3章）、当事者力アセスメント（第4章）、利用者さんへの説明と同意（第5章）について学びます。

そして、具体的に、当事者力アセスメントの方法について、実際に「防災対応力向上シート」というアセスメントシートを使って学びます（第6章）。

最終的には、皆さんが当事者力アセスメントをできるようになることが目標です。

②　はじめの一歩は「ハザードマップ」

皆さんは、ご自身の災害への備えはできていますか？　また、利用者さんは、備えを始めているでしょうか？

ハザードマップとは？

まだ始めていないという場合、まずは、ハザードマップを見るところから始めてみましょう。

ハザードマップとは、被災想定区域や避難場所、防災関係施設の位置などを表示した地図のことです。このマップには、その地域の土地の成り立ちや、災害の素因となる地形・地盤の特徴、災害の履歴からハザードを予測した被災想定と、避難に関する情報が記載されています。

各自治体で作成されていますが、紙の冊子だけではなく、最近ではWeb上にも公開され、確認することができます。もし、自宅や職場のハザードマップを見たことがなければ、本書を読み終わった後に、是非確認してください。

それでは、いくつかハザードマップを見てみましょう。

冊子版のハザードマップ

自治体から、冊子で配布されているハザードマップを見てみましょう。まず、**図1**（八—九ページ）は、兵庫県明石市のハザードマップです。これは、高潮を想定したマップで、浸水の深さが色分けされていて、パッと見て分かるようになっています。

次にご紹介する**図2**（一〇—一一ページ）は、兵庫県豊岡市のハザードマップです。これは、一一ページが標高マップで、高い場所に逃げる時に参考にできます。一方、一一ページは水害・土砂災害防災マップで、危険な場所や避難場所を確認することができます。

Web上で確認できるハザードマップ①——「わたしの街のマルチハザード」

次に、Web上で見ることができるハザードマップを紹介します。一つ目は、「わたしの街のマルチハザード」（https://i-bosai.maps.arcgis.com/home/index.html）です。

使い方を、兵庫県で試してみましょう。ここでは、神戸市内で見てみます。**図3**（一三ページ）は、神戸市中央区のJR神戸駅付近で、洪水が起こった際の浸水の深さを表したマップです。浸水深が〇・五メートル未満、〇・五～一メートル未満と予想が色分けされて表示されています。この地図はもっと拡大することも可能です。

次に、**図4**（一四ページ）は、**図3**と同じ場所（JR神戸駅付近）の道路と自動車の走行状態を予測した地図です。走行可能な場所と路線バスの運行停止や車の排気管やトランスミッションが浸水するおそれがある場

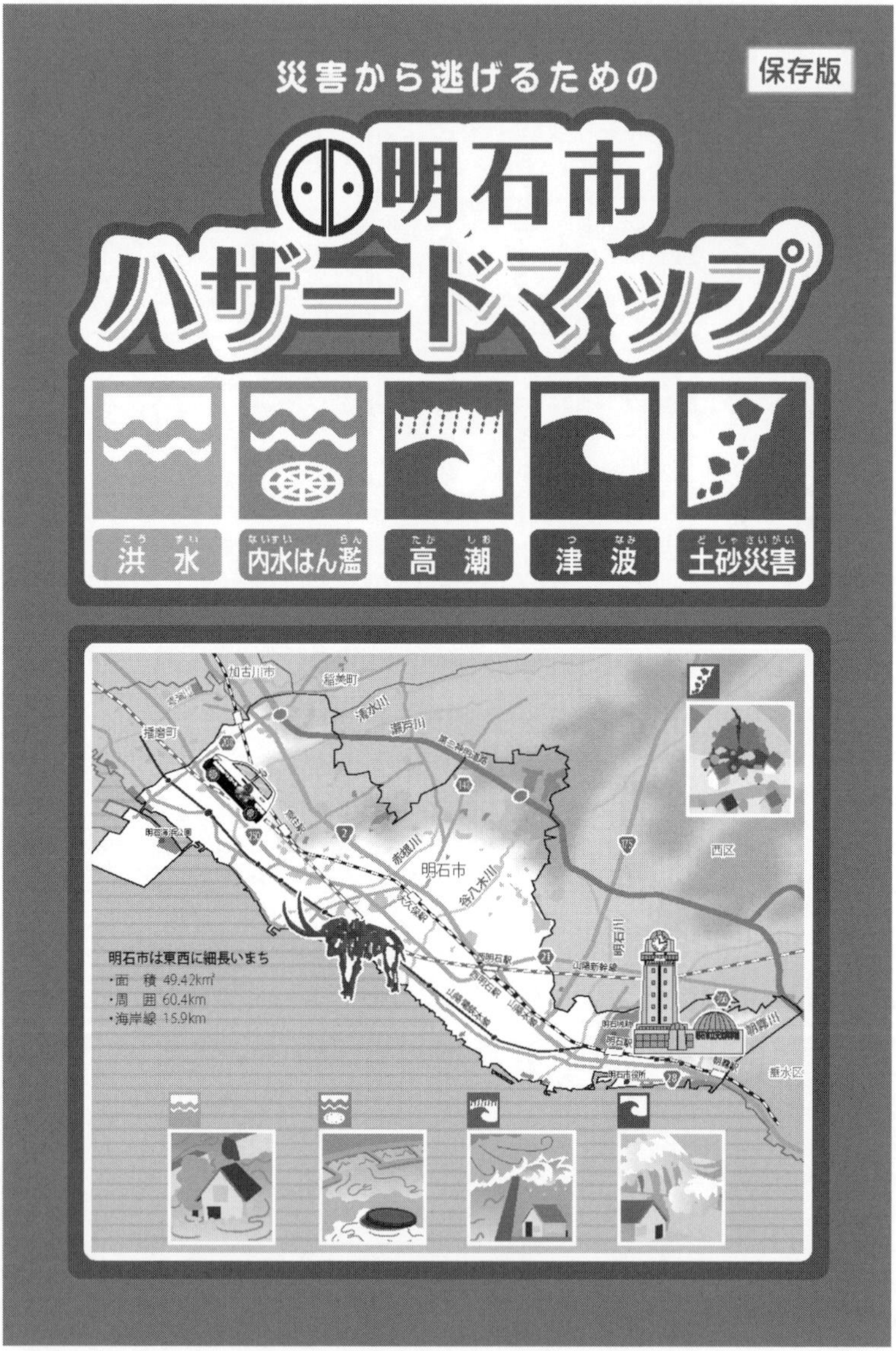

図1①　兵庫県明石市のハザードマップ（表紙）

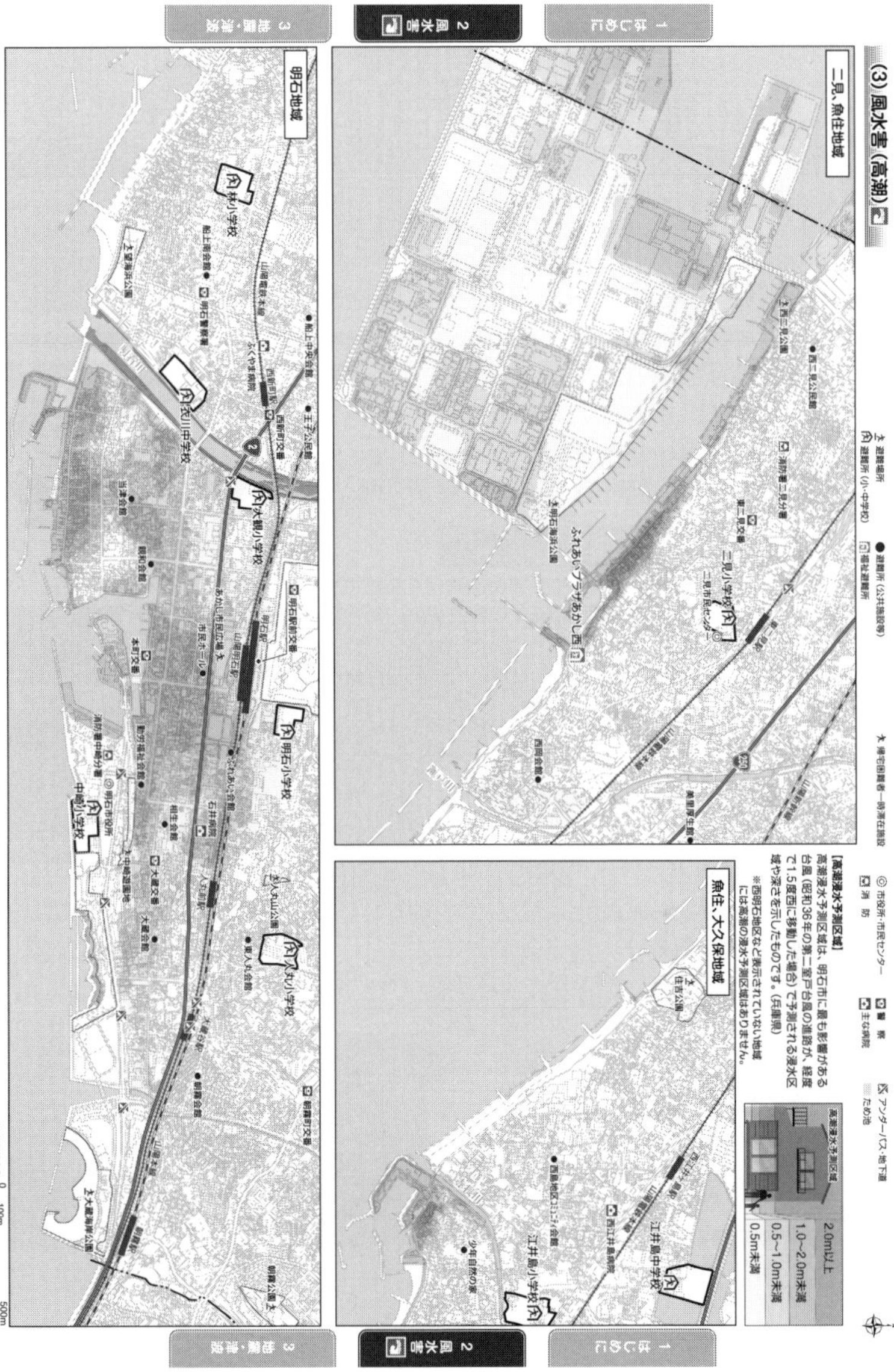

図1② 兵庫県明石市のハザードマップ（高潮）

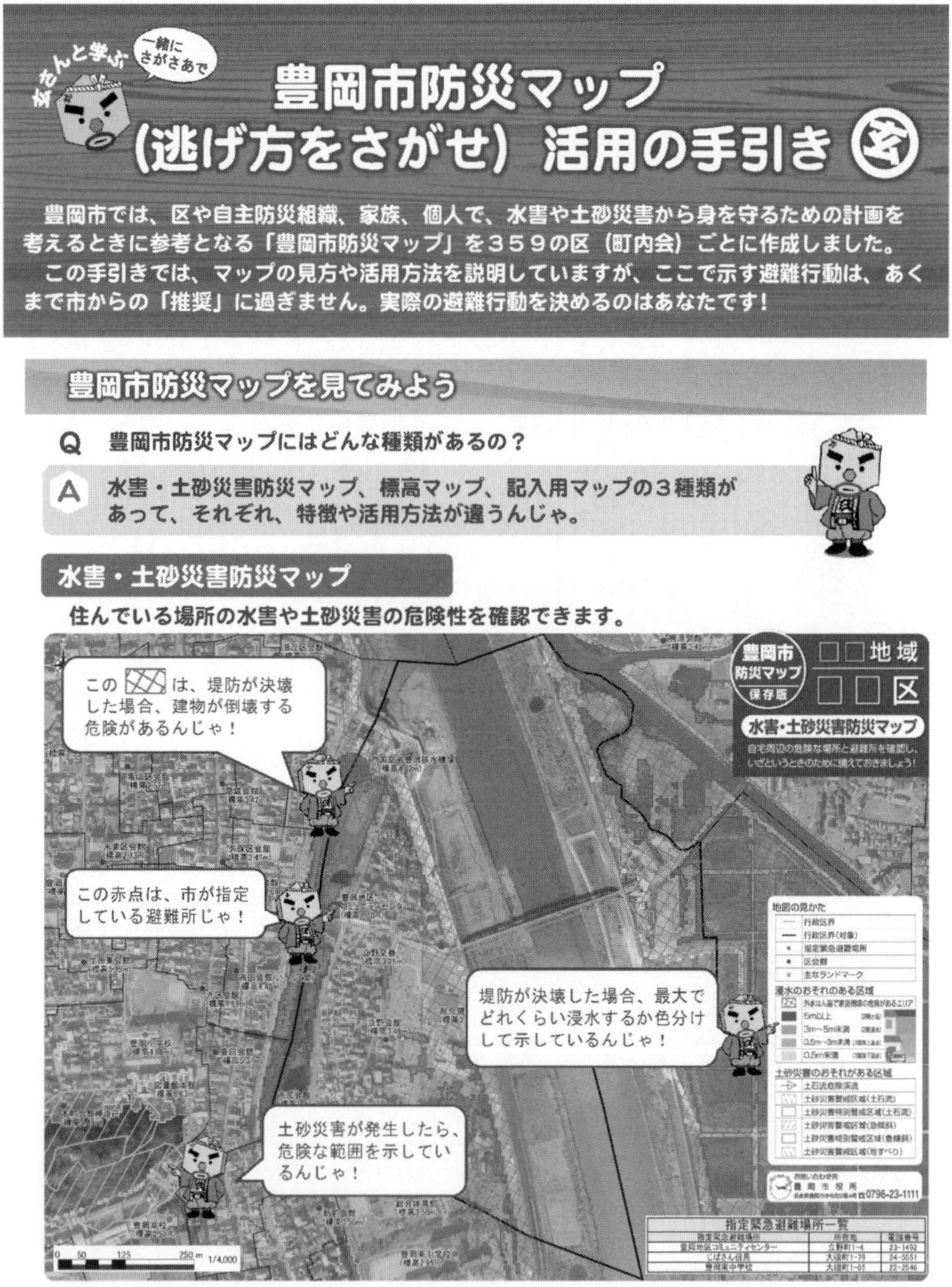

玄さんと学ぶ 一緒にさがさあで

豊岡市防災マップ（逃げ方をさがせ）活用の手引き 玄

豊岡市では、区や自主防災組織、家族、個人で、水害や土砂災害から身を守るための計画を考えるときに参考となる「豊岡市防災マップ」を３５９の区（町内会）ごとに作成しました。

この手引きでは、マップの見方や活用方法を説明していますが、ここで示す避難行動は、あくまで市からの「推奨」に過ぎません。実際の避難行動を決めるのはあなたです！

豊岡市防災マップを見てみよう

Q 豊岡市防災マップにはどんな種類があるの？

A 水害・土砂災害防災マップ、標高マップ、記入用マップの３種類があって、それぞれ、特徴や活用方法が違うんじゃ。

水害・土砂災害防災マップ

住んでいる場所の水害や土砂災害の危険性を確認できます。

指定緊急避難場所一覧		
指定緊急避難場所	所在地	電話番号
豊岡地区コミュニティセンター	立野町1-4	23-1492
じばさん但馬	大磯町1-79	24-5551
豊岡南中学校	大磯町1-65	22-2546

図2①　兵庫県豊岡市のハザードマップ（表紙）

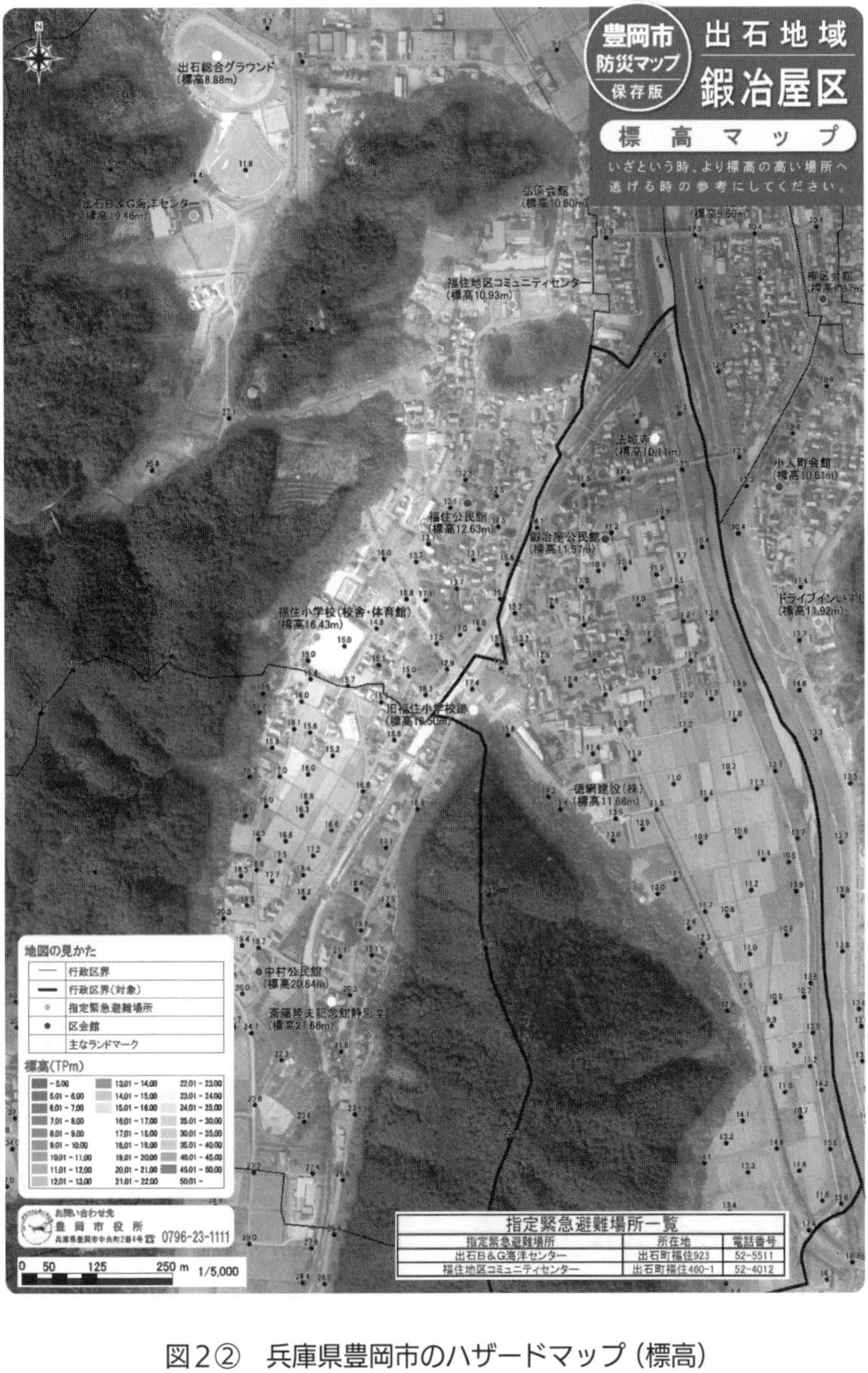

図2② 兵庫県豊岡市のハザードマップ（標高）

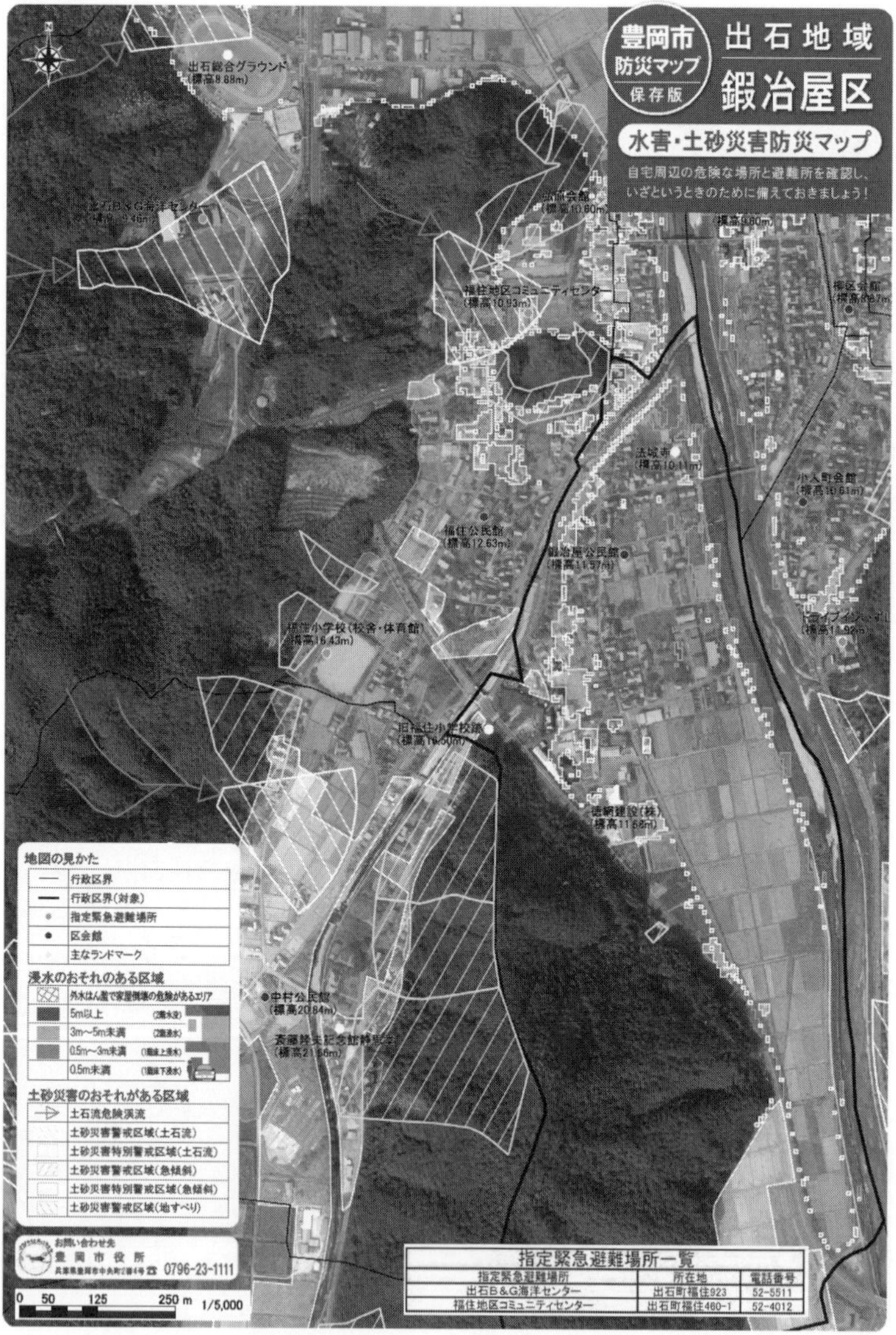

図2③　兵庫県豊岡市のハザードマップ（水害・土砂災害）

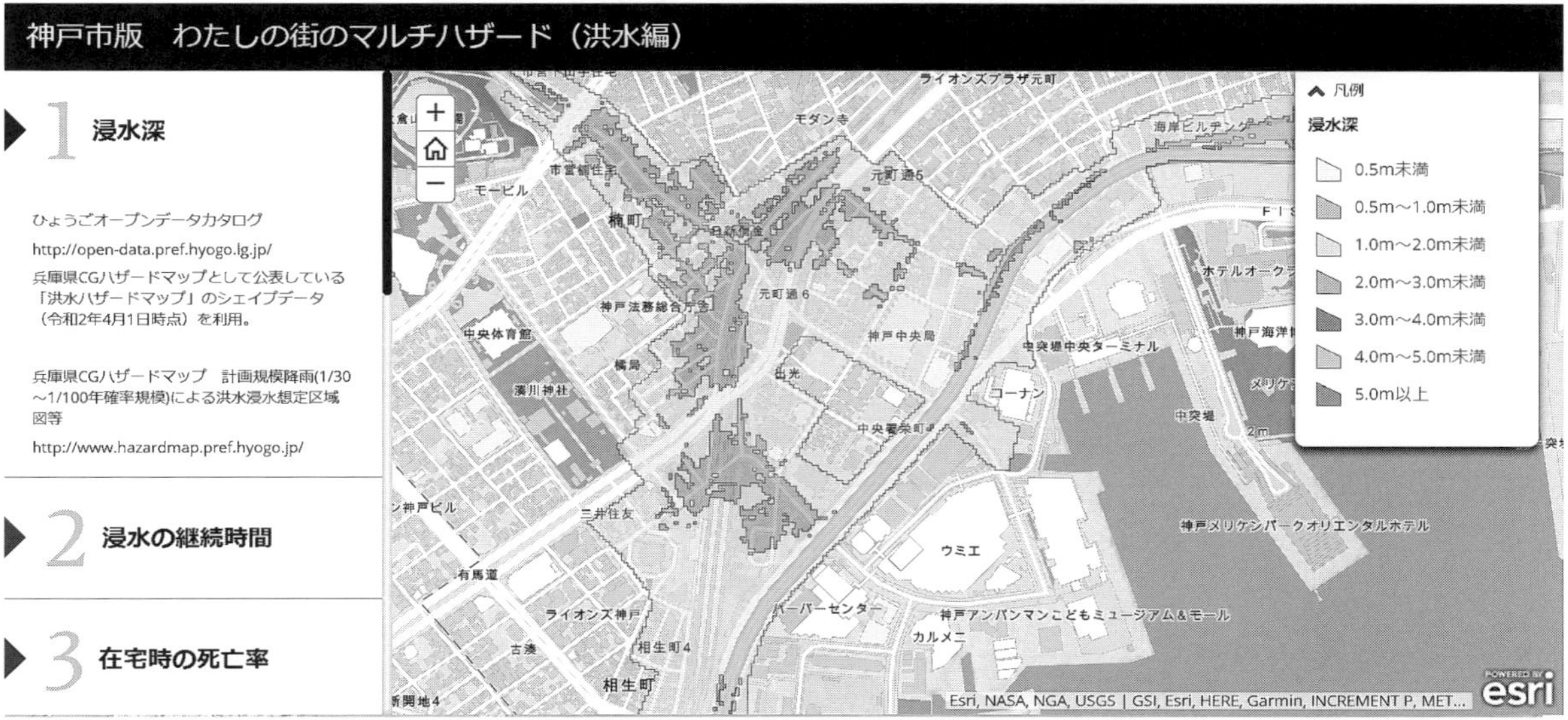

図3　JR神戸駅付近（神戸市中央区）の浸水深を表したマップ

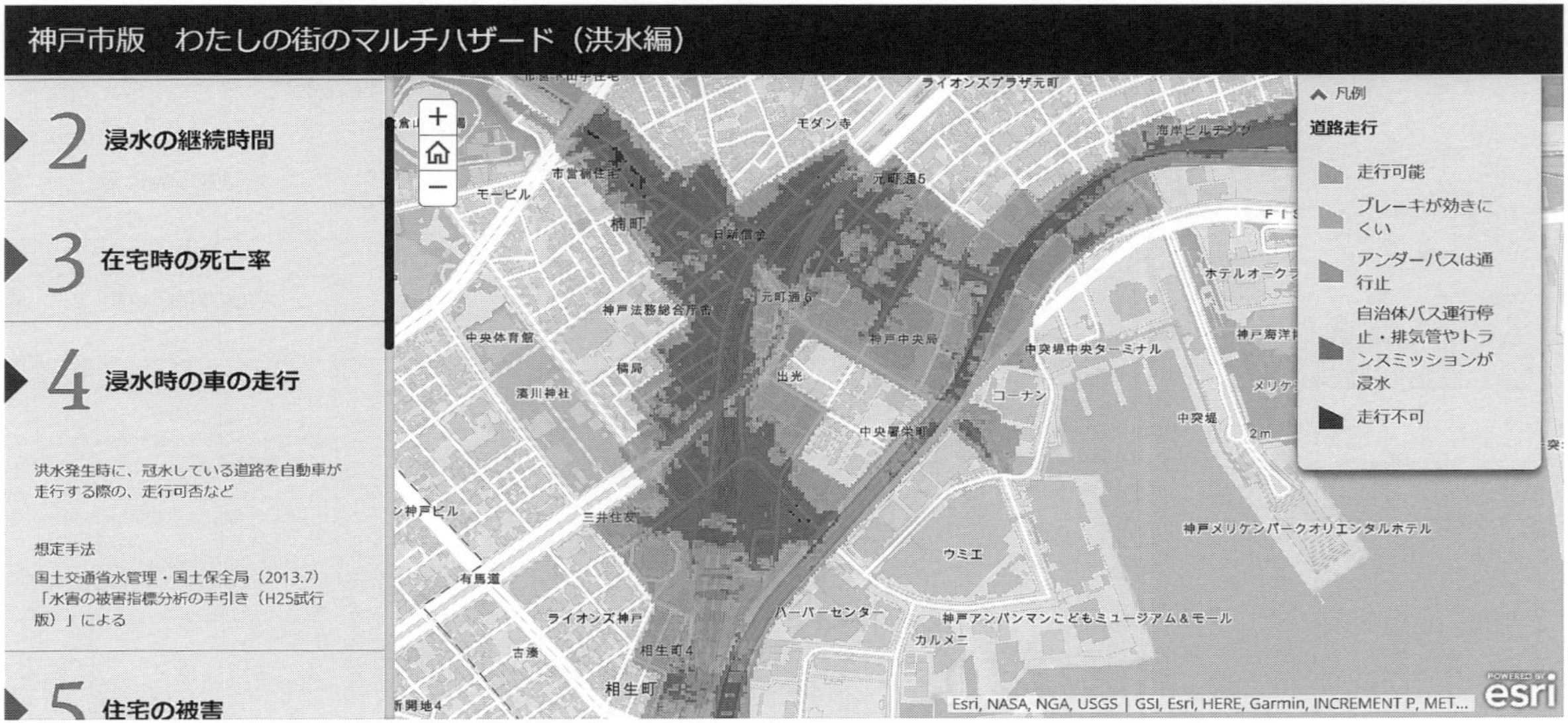

図４　JR神戸駅付近（神戸市中央区）の浸水時の車の走行状態を表したマップ

所が色分けされて表示されています。走行不可になる場所も表示されています。

この地図を参照すれば、洪水が起こった際に、車を使うことができるか、考えることができます。

また、このハザードマップでは、任意の場所を指定し、そこが災害時にどのような状態になるか、詳しく見ることも可能です。**図5**（一六ページ）は、先ほどのJR神戸駅付近の中の、任意の場所の情報をまとめたものです。小さな点のある場所の情報を確認しています。

なお、「わたしの街のマルチハザード」では、(1)浸水深、(2)浸水の継続時間、(3)在宅時の死亡率、(4)浸水時の車の走行、(5)住宅の被害、(6)自動車の被害、(7)廃棄物の発生量、(8)停電の可能性、(9)ガス停止の可能性、(10)施設の機能低下、(11)清掃に必要な延べ日数、(12)事務所などの営業停止日数、(13)まとめ、について確認することが可能です。

特に、清掃に必要な延べ日数や、事業所等の営業停止日数は、他のサイトや冊子版のハザードマップではあまり見られないものですが、これらの項目は、施設や事業所のBCP（Business Continuity Planning：事業継続計画）について考える際に、参考になる情報です。

Web上で確認できるハザードマップ②——兵庫県CGハザードマップ

「わたしの街のマルチハザード」以外にも、インターネット上で確認できるハザードマップがあります。

例えば、**図6**（一七ページ）は、「兵庫県CGハザードマップ」（http://www.hazardmap.pref.hyogo.jp/）です。

ここから、県内各地の土砂災害や洪水、高潮、津波、ため池に関する情報を確認することができます。

図5　JR神戸駅付近の任意の場所の浸水時の情報（浸水深、浸水時の車の走行など）を表示したもの

図6　兵庫県CGハザードマップ

Web上で確認できるハザードマップ③
——ハザードマップポータルサイト

また、**図7**（一八ページ）は、「ハザードマップポータルサイト」(https://disaportal.gsi.go.jp/)です。このポータルサイトから、「重ねるハザードマップ」と「わがまちハザードマップ」に入ることが可能です。

「重なるハザードマップ」では、見たい情報を選んで重ねて表示することができます。また、これらのサイトからは、日本全国の見たい場所のハザードを確認することができるので、離れて暮らす家族のいる場所や、旅行先などのマップを確認できます。

こうしたインターネットから確認でき

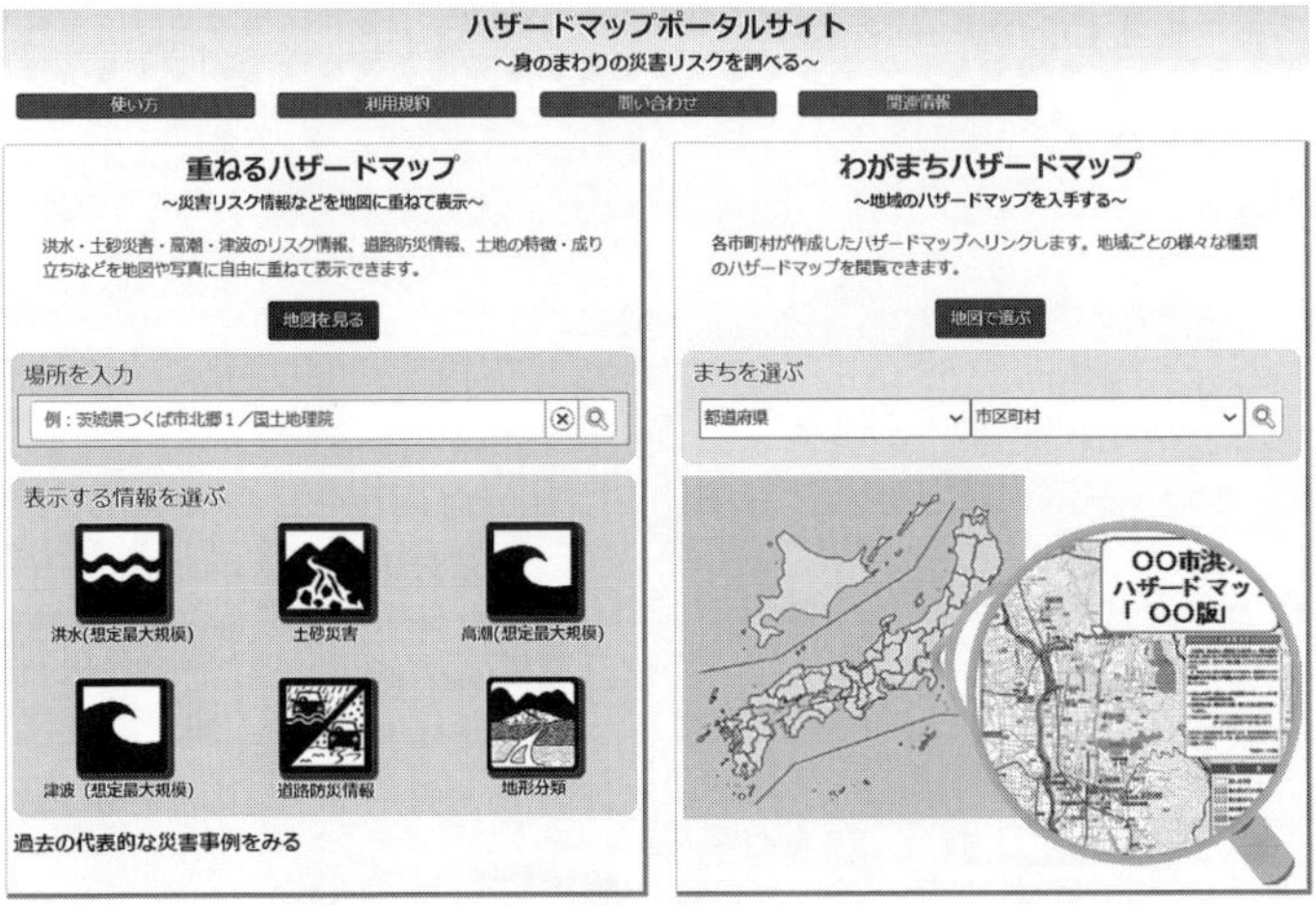

図7　ハザードマップポータルサイト

るハザードマップは、利用者さんの自宅のハザードマップを調べる時にも、便利に使えると思います。

ところで、これらは、洪水や高潮、土砂災害、津波など、風水害の際の被害を想定したものですが、防災を考える際のハザードには、もう一つ、「地震」のことを考えておかねばなりません。

Web上で確認できるハザードマップ④
——あなたのまちの直下型地震

地震のハザードも、Webサイトで確認することができます。**図8**は、「あなたのまちの直下型地震」(https://nied-weblabo.bosai.go.jp/amcj/)というWebサイトです。

このサイトでは、任意の場所で地震が起こった場合の被害想定を確認することができます。少し試してみましょう。

図8は、兵庫県の中央付近にある、山崎断層で地震が発生したらどうなるかを確認したものです。

季節や時刻も選んで、Web上で結果を表示できます

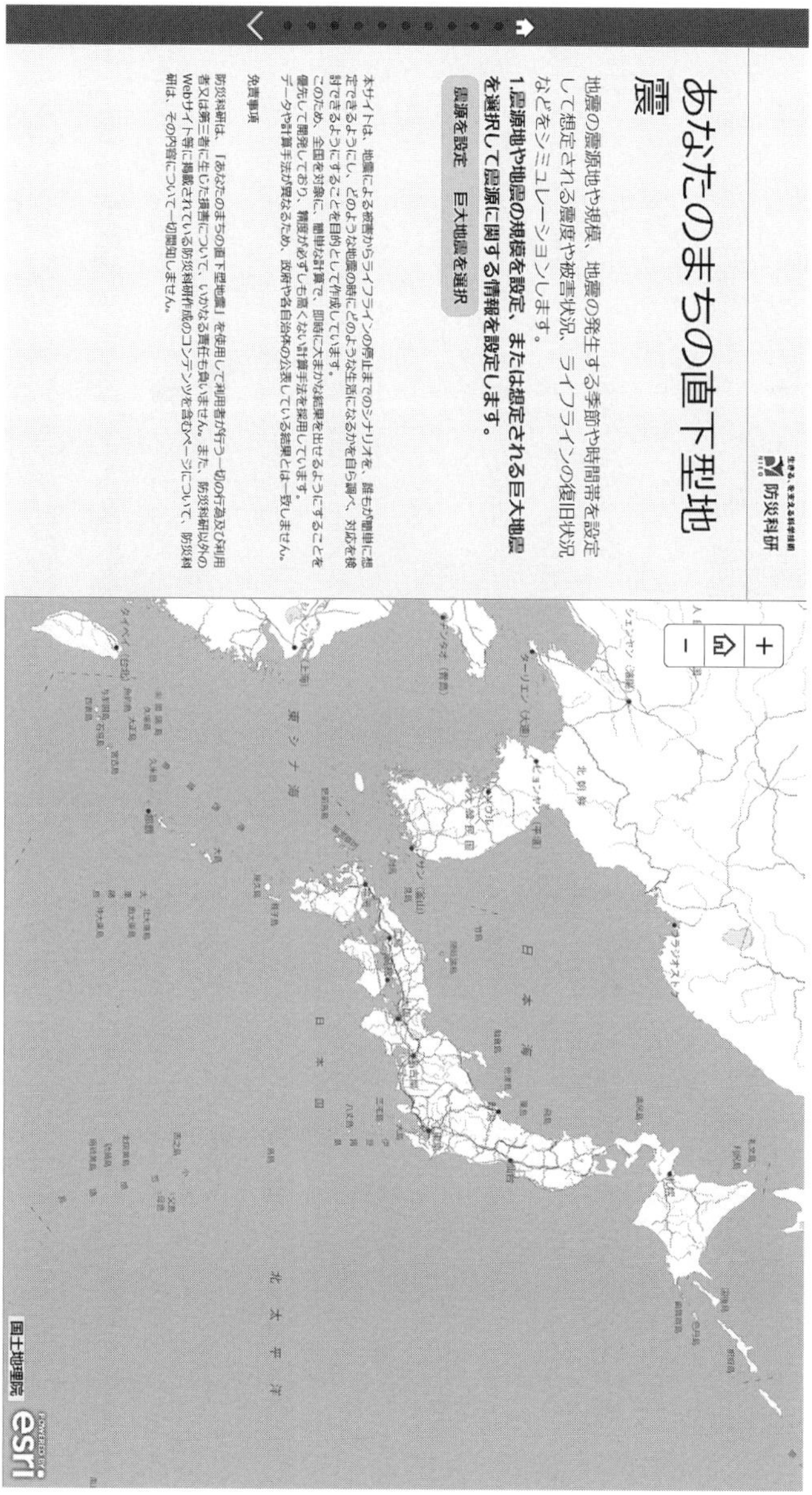
防災科研
あなたのまちの直下型地震
地震の震源地や規模、地震の発生する季節や時間帯を設定して想定される震度や被害状況、ライフラインの復旧状況などをシミュレーションします。
1.震源地や地震の規模を設定、または想定される巨大地震を選択して震源に関する情報を設定します。
震源を設定
巨大地震を選択
本サイトは、地震による被害からライフラインの停止までのシナリオを、誰もが簡単に想定できるようにし、どのような地震の時にどのような生活になるかを自ら調べ、対応を検討できるようにすることを目的として作成しています。
このため、全国を対象に、簡単な計算で、即時に大まかな結果を出せるようにすることを優先して開発しており、精度が必ずしも高くない計算手法を採用しています。
データや計算手法が異なるため、政府や各自治体の公表している結果とは一致しません。
免責事項
防災科研は、「あなたのまちの直下型地震」を使用して利用者が行う一切の行為及び利用者又は第三者に生じた損害について、いかなる責任も負いません。また、防災科研以外のWebサイト等に掲載されている防災科研作成のコンテンツを含むページについて、防災科研は、その内容について一切関知しません。
日本海
東シナ海
北太平洋
国土地理院
esri

図8　あなたのまちの直下型地震

が、**図9**のシミュレーション事例①では、秋の夕方一七時に、×印のところを震源に、マグニチュード7.5の地震が発生した際の震度を予想しています。

震源地付近では、震度5弱が予想されていて、離れるほど揺れが弱くなりますが、一部分、震源地の南側には、震度6弱が予想される場所もあります。

二二ページの**図10**は、先ほどの山崎断層で地震が発生した場合の、死者数や負傷者、避難者数の予想です。一五〇人が亡くなり、負傷者はおおよそ九〇〇名、一万人が避難する予想です。

さらに、二三ページの**図11**は、ライフラインの、下水の復旧について確認する図です。震源地付近は三日以上七日未満程度、下水が使えなくなる予想です。また、一部、南の方では、一四日以上二八日未満、下水の復旧にかかる見込みです。

下水が使えなくなる、というのは、キッチンやお風呂の水を排水できなくなるだけでなく、トイレが流せなくなることを意味します。つまり、トイレが使えないということですが、皆さんは、トイレが使えない家を想像したことがありますか？　何日間、そこに滞在できそうでしょうか？

家の作りが頑丈で、建てられている場所も浸水や津波の危険がなくても、トイレが使えなくなると、生活には大きな支障が出ます。家に滞在することを考える場合は、あらかじめ、お手洗いもどうするかを考えて、準備をしておく必要があります。

「あなたのまちの直下型地震」では、震度や人的被害、下水の復旧だけではなく、建物の倒壊、火災の確率や、電　気・ガス・水道などのライフラインについても、確認することができます。

図12（二四ページ）は、人のマークが立っている地点の情報をまとめたものです。例えば、ここでは、震度

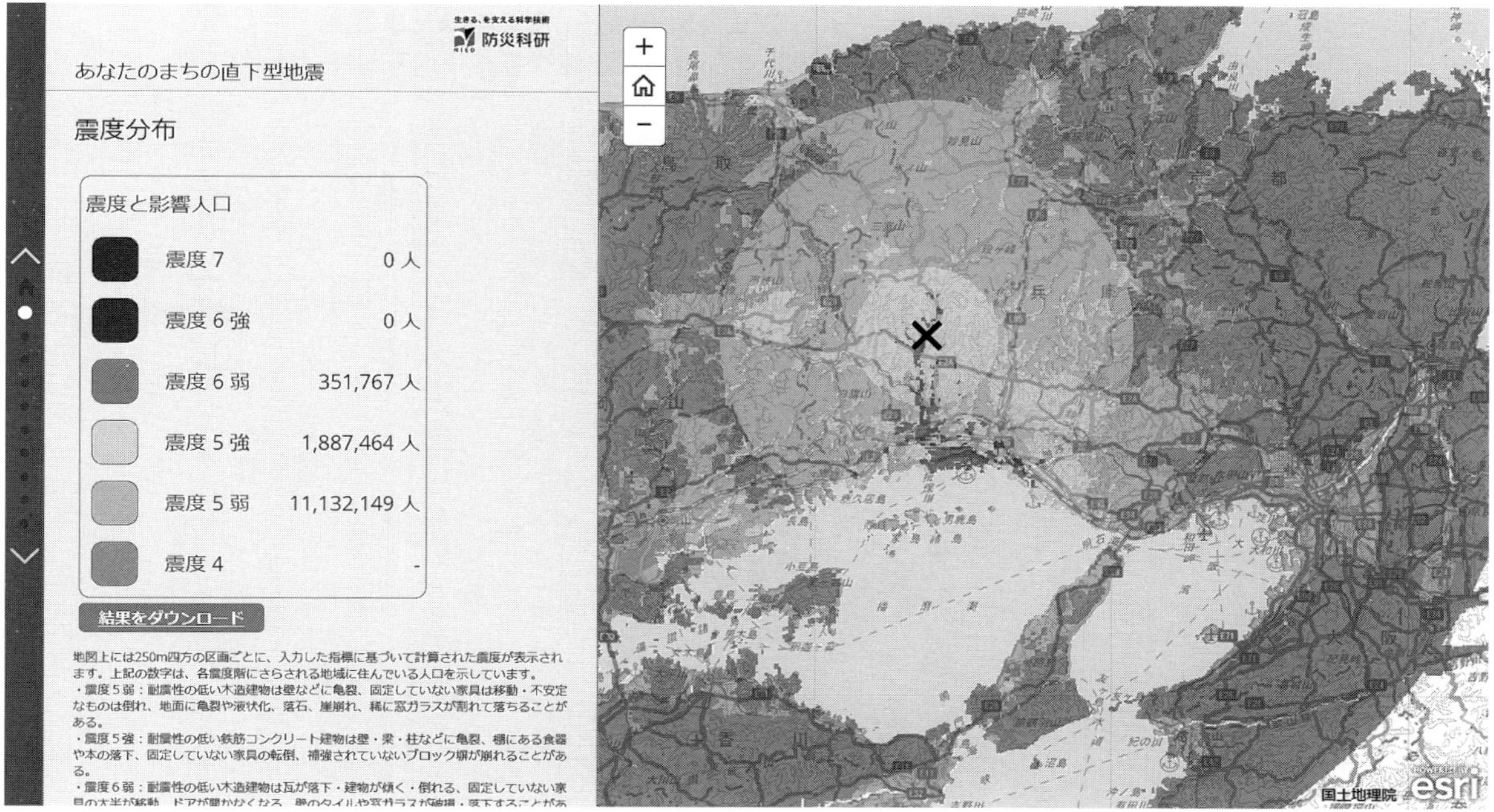

図9　シミュレーション事例①：秋の17時に山崎断層で地震が発生した場合の震度予想

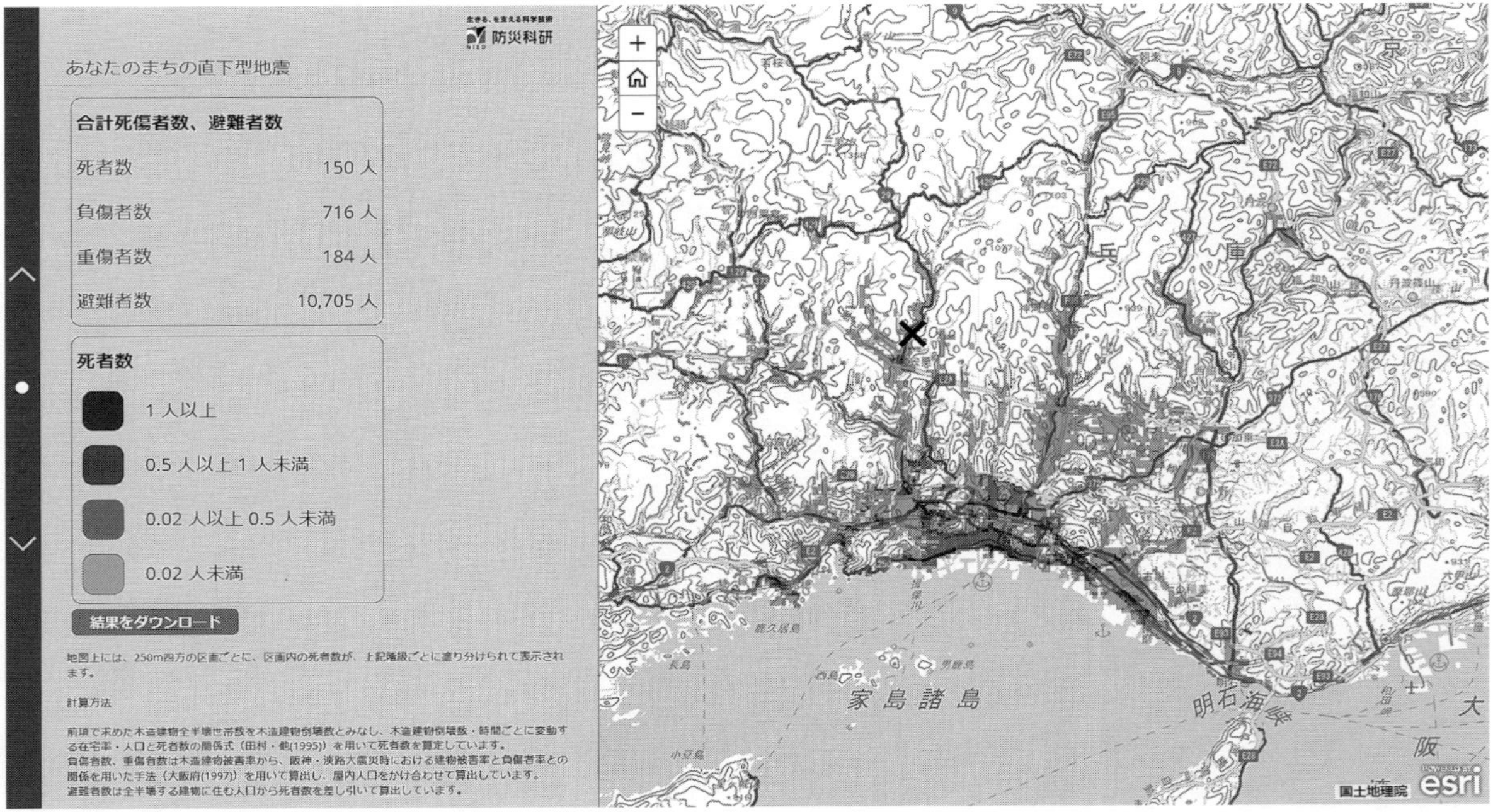

図10　シミュレーション事例②：秋の17時に山崎断層で地震が発生した場合の死者数・負傷者数・避難者数の予想

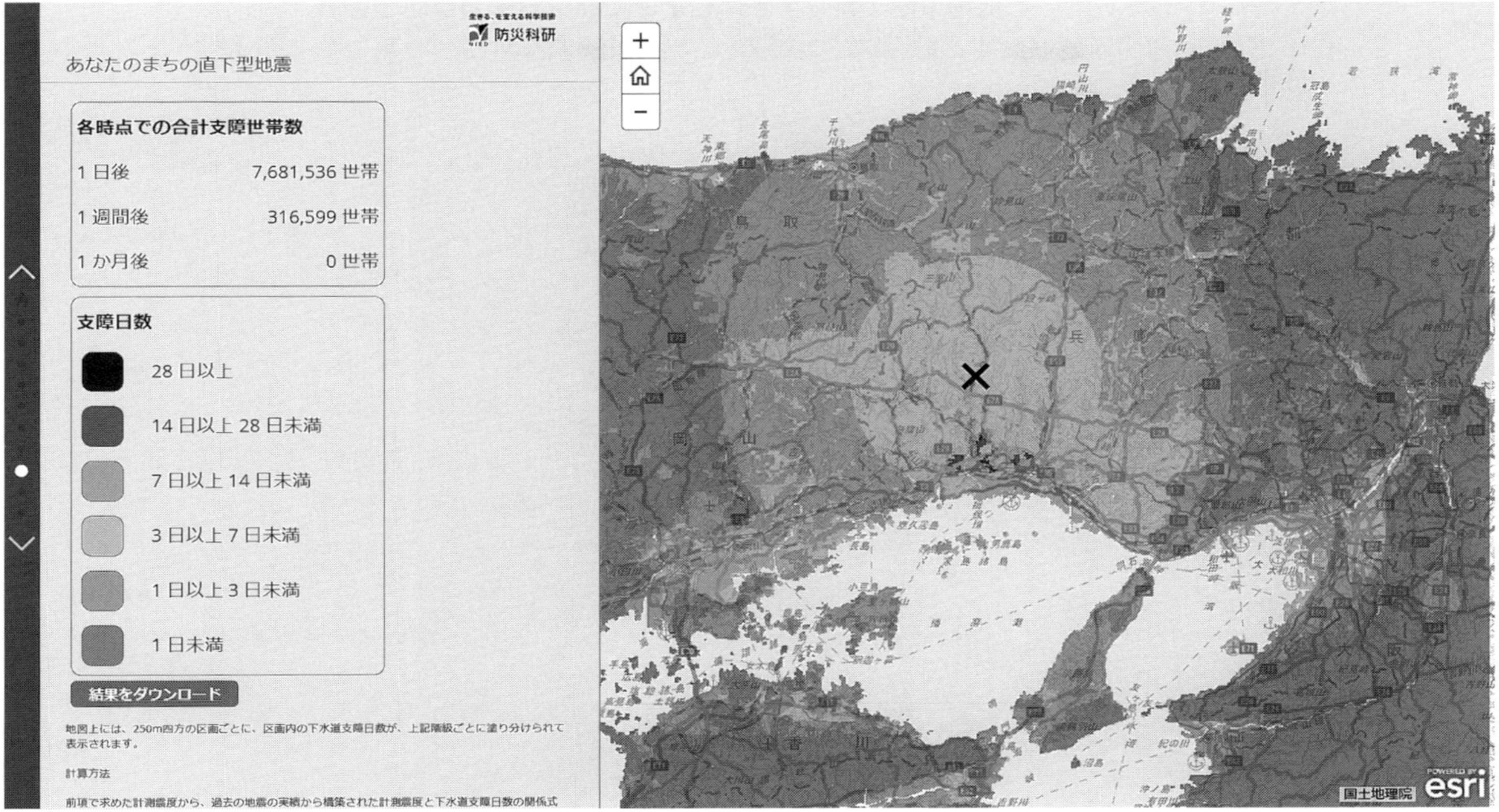

図11　シミュレーション事例③：秋の17時に山崎断層で地震が発生した場合の下水の復旧に要する時間

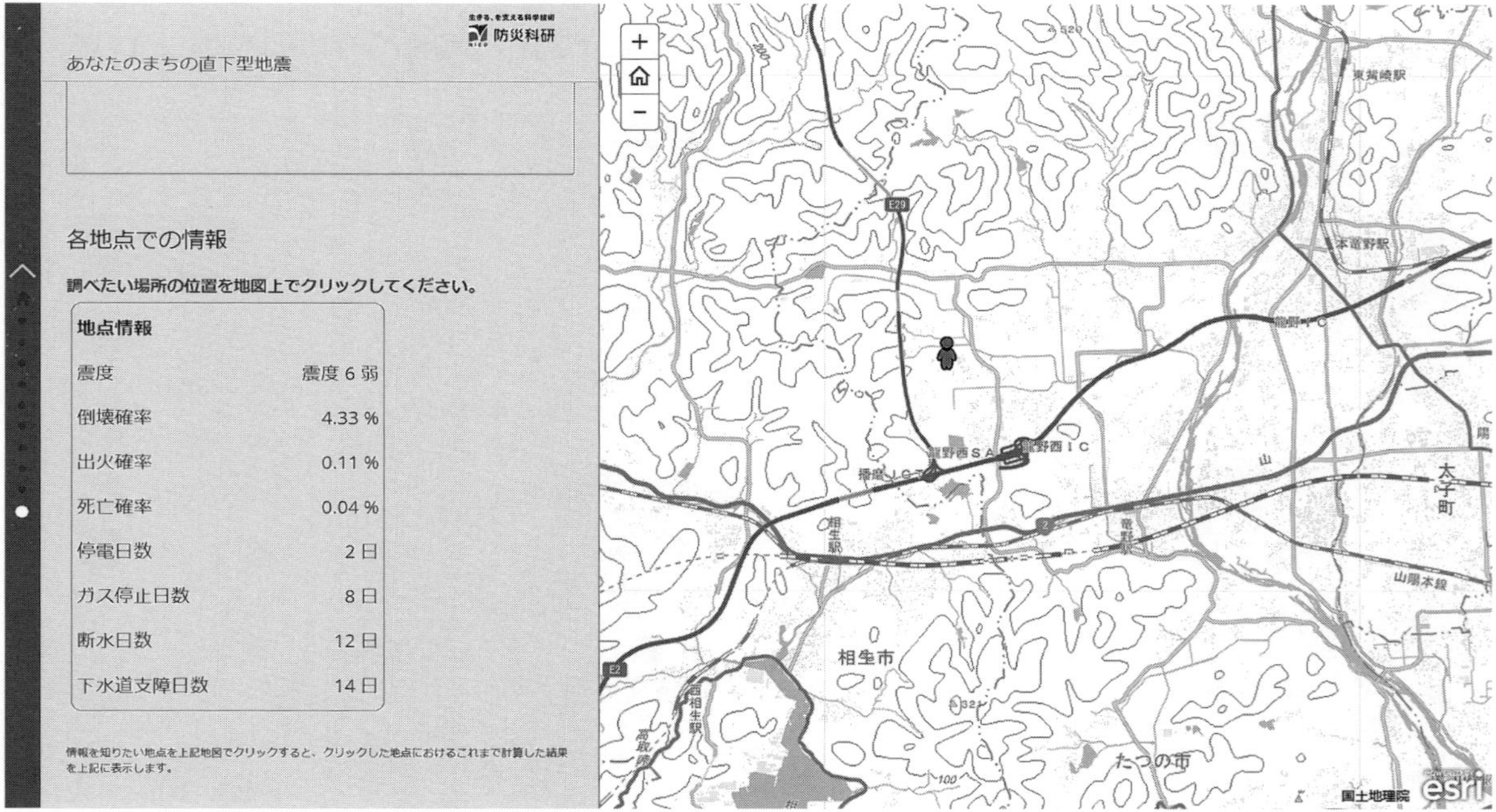
防災科研
あなたのまちの直下型地震
各地点での情報
調べたい場所の位置を地図上でクリックしてください。
地点情報
震度 震度 6 弱
倒壊確率 4.33 %
出火確率 0.11 %
死亡確率 0.04 %
停電日数 2 日
ガス停止日数 8 日
断水日数 12 日
下水道支障日数 14 日
情報を知りたい地点を上記地図でクリックすると、クリックした地点におけるこれまで計算した結果を上記に表示します。
相生市
たつの市
太子町
山陽本線
龍野西ＩＣ
国土地理院

図12　シミュレーション事例④：秋の17時に山崎断層で地震が発生した場合の、任意の地点における停電およびガス・水道の停止日数

は6弱、停電が二日間、またガスは八日間、水道は一二日間止まる見込みです。

地震に備える場合は、これらの情報を考慮して準備を行うことが大切です。皆さんも、ご自宅の場所について確認してください。

では、次に進みましょう。

3 なぜ、福祉専門職が防災の取り組みに関わるのか？
――個別避難計画について

福祉専門職と防災

災害に備えることは大切ですが、では、なぜ私たち福祉専門職が防災の取り組みに関わるのかを、確認しておきたいと思います。

私たちが福祉について学び、福祉の資格を取る時に、防災について学ぶ機会はありませんでした。しかし、今私たちに期待されていることを、確認しましょう。

第二次世界大戦後の大きな災害と法律の制定

まずは、これまでの大きな災害と、災害に対する法律の制定を**図1**に簡単にまとめました。

一九五九（昭和三四）年に伊勢湾台風で、五〇〇〇人を超える犠牲者が出ました。これを機に、二年後の一九六一（昭和三六）年に災害対策基本法が作られました。

災害対策基本法は、防災に関して、防災計画の作成や災害予想、応急対策など、必要な災害対策の基本を

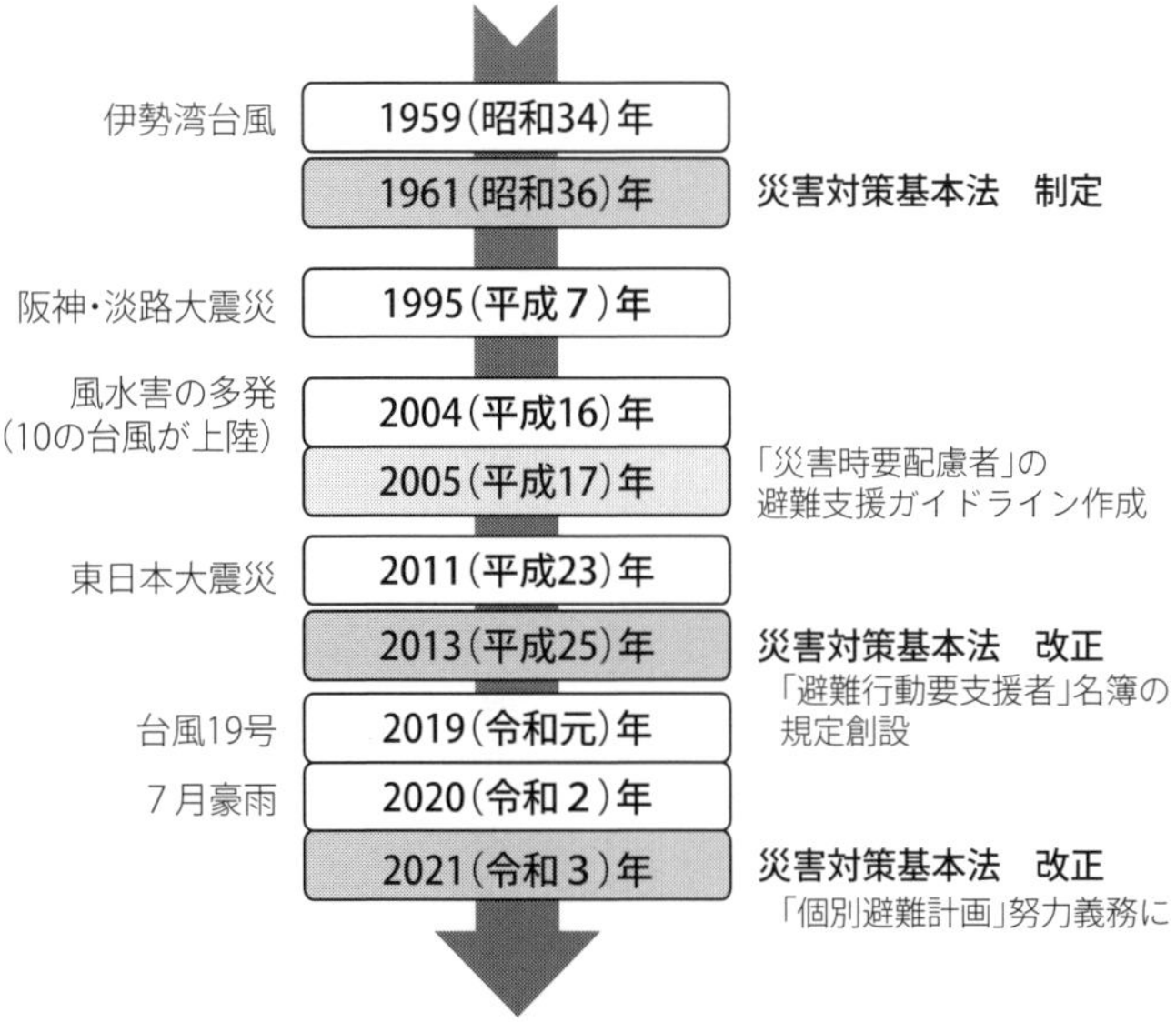
伊勢湾台風
1959（昭和34）年
1961（昭和36）年
災害対策基本法　制定
阪神・淡路大震災
1995（平成7）年
風水害の多発
（10の台風が上陸）
2004（平成16）年
2005（平成17）年
「災害時要配慮者」の
避難支援ガイドライン作成
東日本大震災
2011（平成23）年
2013（平成25）年
災害対策基本法　改正
「避難行動要支援者」名簿の
規定創設
台風19号
2019（令和元）年
7月豪雨
2020（令和2）年
2021（令和3）年
災害対策基本法　改正
「個別避難計画」努力義務に

図1　第二次世界大戦後の大災害法制度と主な改正

定めて、社会の秩序の維持や公共の福祉の確保を行うことを目的とした法律です。

災害対策基本法の制定後、改正は何度も行われています。また、その間にも地震や台風など、多くの災害が発生しました。大きな災害や法改正を挙げると、一九九五（平成七）年には阪神淡路大震災が発生し、二〇〇四（平成一六）年には風水害が多発し、この年には台風が一〇回上陸しました。なお、二〇〇五（平成一七）年には、災害時要援護者の避難支援ガイドラインが作成されています。

その後、二〇一一（平成二三）年に東日本大震災が起こりました。この震災の被害者の調査から、障がい者が被害に遭っている場合が、全体の被害に対して高いことが分かりました。そして、この震災の二年後の二〇一三（平成二五）年に災害対策基本法は改正され、ここで、避難行動要支援者の名簿を作ることが、市町村に義務付けられました。

なお、**図1**には載せていませんが、二〇一八(平成三〇)年には、台風七号と長雨による西日本豪雨が起こりました。その後、二〇一九(令和元)年には、台風一九号が東日本に大きな被害をもたらしました。また、二〇二〇(令和二)年七月豪雨により、九州から中部地方にかけて大きな被害が生じました。名簿の作成は進んでいましたが、高齢者や障がい者など、避難に配慮の必要な方が犠牲になる状況は続いています。

そこで、二〇二一(令和三)年に災害対策基本法が改正され、個別避難計画の作成が市町村の努力義務になりました。

二〇二一(令和三)年の災害対策基本法の改正について

二〇二一(令和三)年に災害対策基本法が改正されました(五月一〇日公布、五月二〇日施行)。改正内容はいくつかありますが、注目したいのは、災害時における「円滑かつ迅速な避難の確保」について定められたという点です。

そのための措置として、「避難勧告・避難指示の一本化」「個別避難計画の作成」が講じられることとなっていますが、特に注目したいのは、「個別避難計画の作成」です。

前節でご説明したように、二〇一三(平成二五)年に避難行動要支援者名簿が義務化され、九九%の市町村で作成できていました。しかし、いまだに災害が起こると、高齢者等が避難できずに被害を受けていることが、課題として挙げられています。そこで、二〇二一年の改正では、個別避難計画を作って、避難ができるようにしようということになりました。

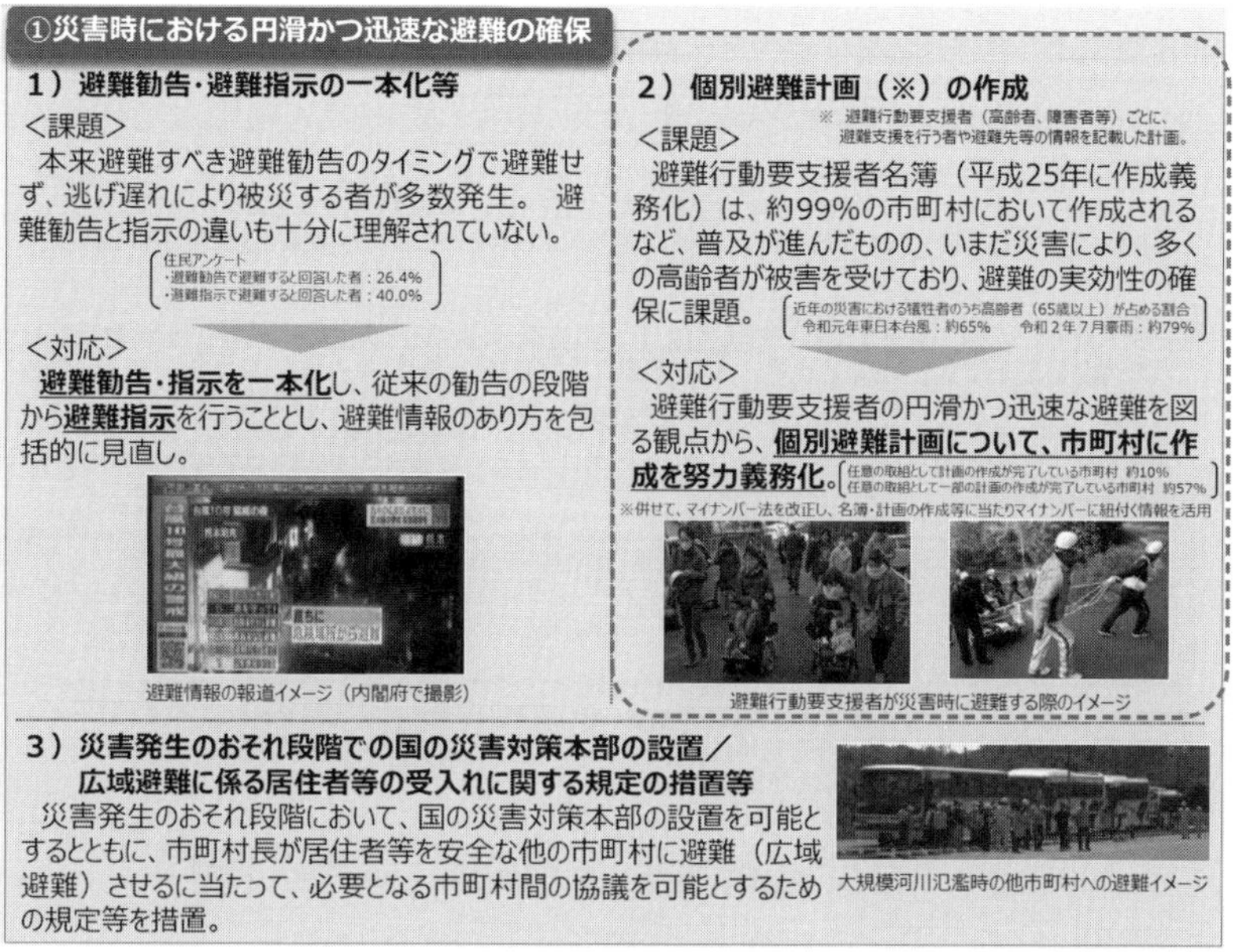
①災害時における円滑かつ迅速な避難の確保
1）避難勧告・避難指示の一本化等
<課題>
本来避難すべき避難勧告のタイミングで避難せず、逃げ遅れにより被災する者が多数発生。 避難勧告と指示の違いも十分に理解されていない。
住民アンケート
・避難勧告で避難すると回答した者：26.4%
・避難指示で避難すると回答した者：40.0%
<対応>
避難勧告・指示を一本化し、従来の勧告の段階から避難指示を行うこととし、避難情報のあり方を包括的に見直し。
避難情報の報道イメージ（内閣府で撮影）
2）個別避難計画（※）の作成
※ 避難行動要支援者（高齢者、障害者等）ごとに、避難支援を行う者や避難先等の情報を記載した計画。
<課題>
避難行動要支援者名簿（平成25年に作成義務化）は、約99%の市町村において作成されるなど、普及が進んだものの、いまだ災害により、多くの高齢者が被害を受けており、避難の実効性の確保に課題。
近年の災害における犠牲者のうち高齢者（65歳以上）が占める割合
令和元年東日本台風：約65%　令和２年７月豪雨：約79%
<対応>
避難行動要支援者の円滑かつ迅速な避難を図る観点から、個別避難計画について、市町村に作成を努力義務化。
任意の取組として計画の作成が完了している市町村 約10%
任意の取組として一部の計画の作成が完了している市町村 約57%
※併せて、マイナンバー法を改正し、名簿・計画の作成等に当たりマイナンバーに紐付く情報を活用
避難行動要支援者が災害時に避難する際のイメージ
3）災害発生のおそれ段階での国の災害対策本部の設置／広域避難に係る居住者等の受入れに関する規定の措置等
災害発生のおそれ段階において、国の災害対策本部の設置を可能とするとともに、市町村長が居住者等を安全な他の市町村に避難（広域避難）させるに当たって、必要となる市町村間の協議を可能とするための規定等を措置。
大規模河川氾濫時の他市町村への避難イメージ

図２　災害時における円滑かつ迅速な確保を実現するための措置

個別避難計画作成における福祉専門職の役割

図3は、二〇一九（令和元）年の台風一九号などを踏まえた高齢者などの避難に関するサブワーキンググループの最終取りまとめの資料です。ここでは、個別計画（個別避難計画）の策定の方針や体制について述べられています。

〇の二つ目には、個別計画を策定する関係者として、介護支援専門員・相談支援専門員の名前が挙がっています。つまり、私たち福祉専門職が、個別避難計画の策定に業務として関わる必要があるのです。

さらに、〇の三つ目には、私たちに何が期待されているかが、書かれています。

「特に介護支援専門員や相談支援専門員

最終とりまとめ（本文）における防災と福祉の連携に関する内容①

個別計画の策定に係る方針及び体制　　本文7ページ

○ 個別計画は、市区町村が策定の主体となり、関係者と連携して策定する必要がある。なお、策定の実務として、当該市区町村における関係者間での役割分担に応じて策定事務の一部を外部に委託することも考えられる。その場合であっても、市区町村は、個別計画の策定主体として、適切に役割を果たすことが必要である。

○ 個別計画を連携して策定する関係者としては、庁内の防災・福祉・保健・医療などの関係する部署のほか、庁外の介護支援専門員や相談支援専門員などの福祉専門職、民生委員、町内会長・自治会長等、自主防災組織、地域医師会、居宅介護支援事業者や相談支援事業者などの事業者、社会福祉協議会などの地域の医療・看護・介護・福祉などに関する職種団体、地域で活動する障害者団体、地域福祉コーディネーター・専門機関・社会福祉協議会が主導する住民による地域の支え合いのネットワーク等（以下「個別計画策定等関係者」という。）がある。

○ 個別計画策定等関係者のうち、特に介護支援専門員や相談支援専門員は、避難行動要支援者のうち介護保険サービス等の利用者について、日頃からケアプラン等の作成を通じて、避難行動要支援者本人の状況等をよく把握しており、信頼関係も期待できることから、個別計画策定の業務に、福祉専門職の参画を得ることが極めて重要である。

○ また、個別計画を策定する際の関係者との連携は、福祉専門職や社会福祉協議会を始めとして、策定の際に連携する相手方としては多様な主体が考えられることから、地域の実情を踏まえ、自らの地域にとって最善な連携の在り方を検討することが重要である。

図３　個別計画策定における福祉専門職の役割

は、避難行動要支援者のうち、介護保険サービス等の利用者について、日頃からケアプラン等の作成を通じて、避難行動要支援者本人の状況等を良く把握しており、信頼関係も期待できることから……参画を得ることが極めて重要である」と書いてあります。確かに、私たち福祉専門職は、すでに利用者さんの心身の状況や生活状況をよく知っています。定期的に、また支援が必要な時に利用者さんを訪問し、相談にのることで、信頼関係も構築できています。

　避難計画の策定は、利用者さんが地域の皆さんと一緒に取り組む必要がありますが、その際に利用者さんに伴走して支援する福祉専門職の協力は、ご本人の必要な介護・福祉的支援の情報や、ご本人が地域社会に参加する心強さのために、とても大切です。

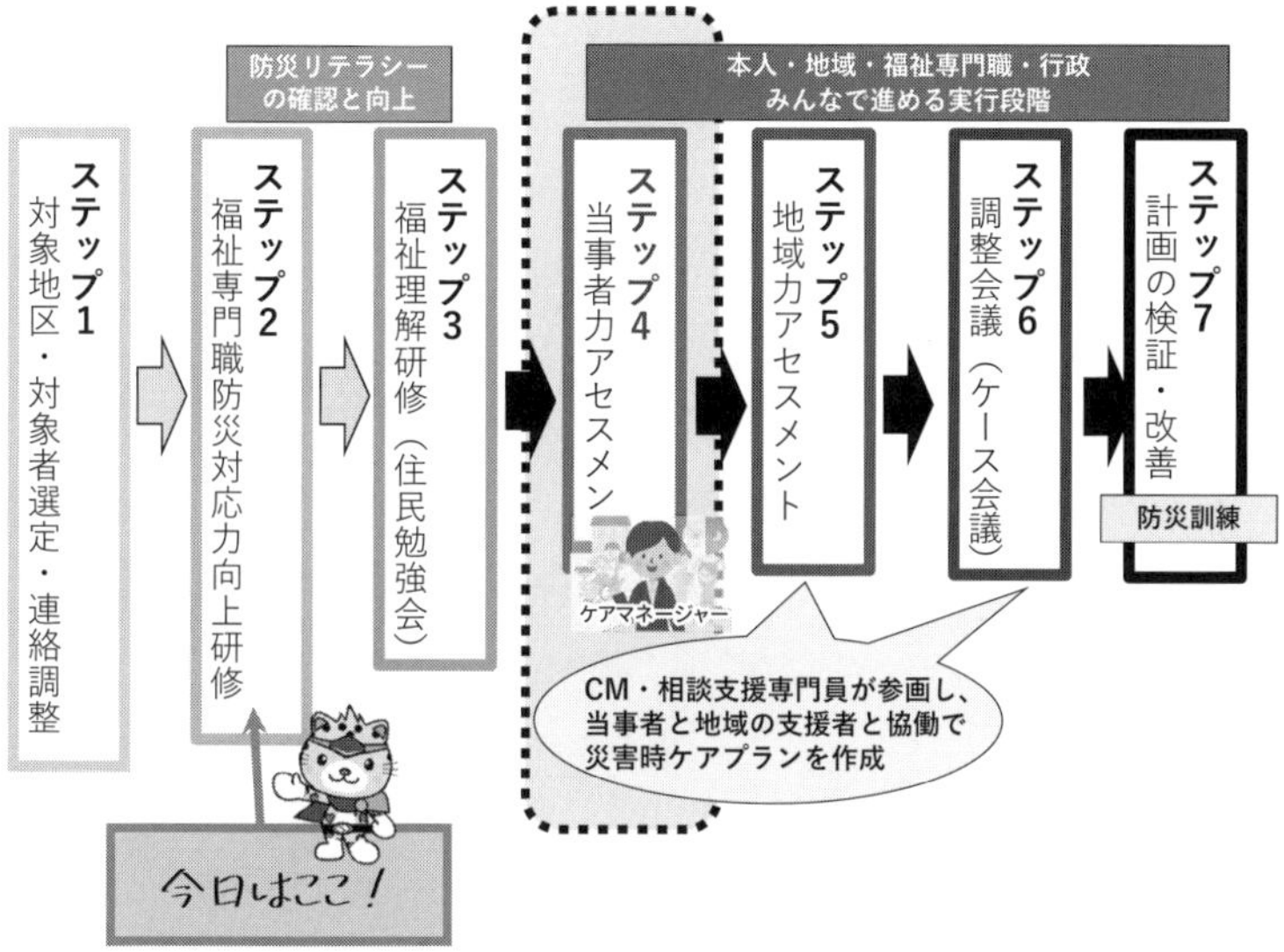

図4　兵庫県における個別避難計画作成のステップ

計画作成の手順
――兵庫県事業での想定ステップ

とはいえ、地域住民と一緒に、と言っても、介護支援専門員や相談支援専門員は、もともと地域の方と調整することが仕事の本分ではなく、個別支援が仕事のメインで、あまり期待されても困る……とお思いになられているのではないかと思います。

当然、介護支援専門員や相談支援専門員が、お一人で個別避難計画作成のすべてを担うわけではありません。例えば、兵庫県では、計画の作成について、**図4**のように七つのステップで考えています。ここでは、利用者さんご本人、福祉専門職、行政、地域の方がそれぞれ協力し参加して、個別避難計画を作っていくことが想定されています。

例えば、皆さんは今、ステップ2で研修を受講していいます。また、順番は前後すると思いますが、ステップ3では地域住民の皆さんにも、福祉や防災についいて学ぶ機会を持っていただくことを考えています。皆さんには、ステップ2のあとは、ステップ4の「当事者力アセスメント」で活躍していただくことになるでしょう。ここでは、皆さんと利用者さんが、できる範囲で自分自身でできる備えを確認し、個人で作れる範囲で、避難計画の作成や防災の備えを進めます。

その後、行政や社協と地域住民と、利用者さんと福祉専門職が集まり、地域の防災について考え、利用者さんの個別避難計画について考えるステップ5・6に進みます。計画ができたら、利用者さんも参加して避難訓練を実施するステップ7を行い、その様子から計画を見直して……というように続いてきます。

これから、皆さんも、順番の前後はあるかもしれませんが、概ねこうしたステップに沿って、個別避難計画作りに関わっていかれると思います。一人で行うのではなく、皆で力を合わせて行うものですので、あまり気負わずに取り組んでいきましょう。

④ 心身の状態・生活・居住環境の確認
――当事者力アセスメントとは

防災のための「当事者力アセスメント」とは

次は、福祉専門職に求められる、利用者さんの心身の状態や生活、居住環境のアセスメントの考え方について、具体的に説明します。特に、今回の講義では、防災に関して、利用者さんの状況のアセスメントを、「当事者力アセスメント」と呼んでいます。

日頃、介護支援専門員や相談支援専門員は、アセスメントを行っていると思います。アセスメントをして、ご本人や家族のお話を聞いて、事業者や支援者をつなげる計画書作りが、介護支援専門員・相談支援専門員のお仕事のメイン部分です。アセスメントでは、利用者さんの心身の健康状態、日常生活の状態、活動と参加の現状を見ていると思います。

それでは、防災のための「当事者力アセスメント」では、何を見るのでしょうか。ここで、災害リスクの考え方について、思い出してみましょう。災害リスクというのは、次のように表現することができました。

災害リスク＝f（ハザード、f（主体、客体））

この関数を別の式で表すと、以下のようになります。

災害リスク＝環境×心身の状態×地域のつながり

すなわち、災害リスクは、主体（利用者さんの状態）と、客体（利用者さんの周り・環境の状況の関係性）と、さらに自然の猛威（ハザード）の関係性で決まる、というものです。つまり、災害リスクについて考える場合は、河川や海・崖や山や地盤、そして住んでいる建物などの環境と、利用者さんの心身状態、そして家族や地域住民とのつながりに注目する必要があるのです。

でも、これは、日頃から福祉専門職が行うアセスメントの視点とよく似ていますよね。異なっているとすれば、例えば、「家の裏に崖がある」とか、「家は築一〇〇年の木造だ」とか、「ペットの犬の名前は〇〇」という点は、利用者さんを訪問した時に目にしていても、日頃のアセスメントには反映されていない、ということです。

このように、防災のための当事者力アセスメントは、三五ページの**図1**のように、いつも行っているアセスメントを拡張するものだ、と考えていただきたいと思います。

例えば、「活動と参加」という事項を、もっと具体的に見て、ご近所とどのようなつながりがあって、どのどなたと親しくされているか、とか。

「避難する力」を把握するために、普段であれば、「杖歩行」と捉えているところを、地震や浸水の時に、

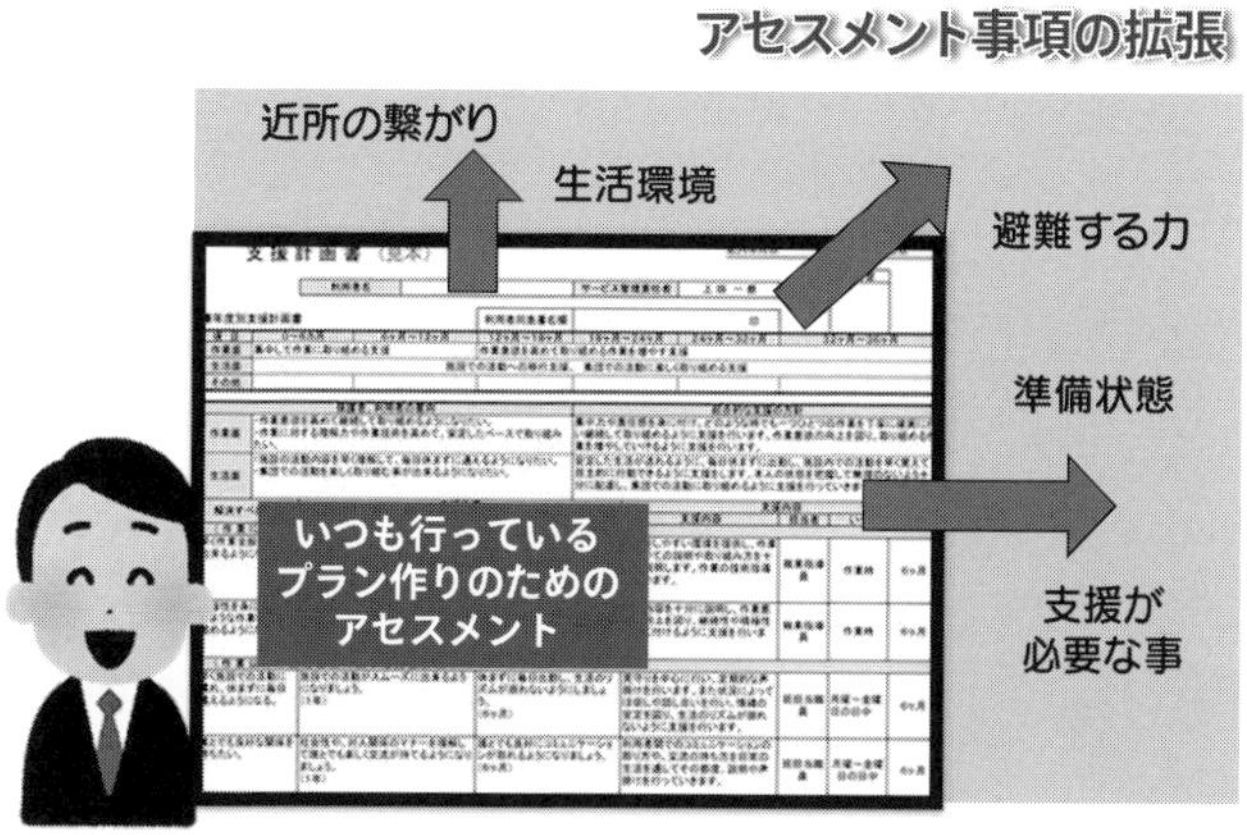

図1　防災のための「当事者力アセスメント」（イメージ図）

杖歩行でどれくらいの距離を移動することができるのか、などです。

また、利用者さんだけでは避難したり、避難準備をしたりすることが難しいこともいろいろあると思いますが、どんな支援があればよいのか、ということも考えましょう。

このように、「もし、地震があったら。洪水が起こったら」という視点を持って、日頃から、利用者さんの生活を見てもらいたいと思います。防災に関する利用者さんのアセスメントは、日頃のアセスメントの延長線上にあります。「当事者力アセスメント」は、まったく新しいものではなく、福祉専門職の、これまでの知識や経験が、土台になってできるものなのです。

個別避難計画作成の優先順位

さて、少し補足ですが、災害リスクが、環境と、利用者さんの心身の状態、そして地域のつながりによって変わることをお話ししました。

そこで、皆さんがよく不安に思われるのは、アセスメントの方法や必要性は分かるが、担当している利用者さん全員の個別避難計画を作るのは人数も多く、とても無理なことである、ということかと思います。実際に、介護支援専門員だと四〇名前後、相談支援専門員だと七〇名、多い場合は一〇〇名前後の方を担当されていると思います。ですから、日頃の業務に加えて、さらに防災用の取り組みを、と言っても、全員分を一気に行うのは、時間的にも厳しいのが現実でしょう。

ですので、災害リスクの高い人から、先に作るように考えましょう。その災害リスクを考える時には、先ほど説明した三つの視点（環境、心身の状態、地域のつながり）が役に立ちます。

まず、環境については、ハザードがあるかないか、です。利用者さんが自然の猛威が及ばない安全な場所に住んでいる場合は、避難する必要はないので、計画も必要ないでしょう。当然、危険がある場所、より危険な場所にいる方に関しては、避難を考える必要があります。

加えて、心身の状態や活動状況について、考える必要があります。身体の状態や運動や移動の状況を考えた時に、一人で安全に外出ができる利用者さんの場合は、何かあった時にも一人で逃げることが可能かもしれませんし、その場合は、周囲の支援を必ずしも必要とせず、逃げられるでしょう。しかし、一人では外出が困難という場合には、何らかの支援が必要ですから、計画を立てる必要があります。

さらに、地域のつながりを見た場合に、ご近所の人がよく出入りをして、様々な情報や手助けを提供している場合は、何か起こっても、自然とご近所さんがサポートしてくれる可能性が高いでしょう。しかし、もし、ご近所さんは誰も訪ねて来ない、何の交流もないという場合は、避難する時にも誰にも声をかけられないでしょうから、周囲からの支援が届くように計画を立てる必要があります。

これら三つの要素が入り混じった場合に、優先順位を考えるのは難しいという場合もありますし、地域の事情もあり、誰が一番で二番で……ということを、簡潔に決めるのは難しいかもしれませんが、考え方としては、「災害リスクが高い人から優先的に作る」というようにご理解ください。

5 利用者さんへの説明と同意の取得

予想される利用者さんの反応

ここまで、ハザードマップ、法律や支援の制度の変遷、当事者力アセスメントの考え方について学んできました。

しかし、実際に、利用者さんと個別避難計画の作成に取り組むことを想定すると、どのように説明して、どのように同意を得ればいいのか？　という疑問が湧いているのではないでしょうか。ここでは、同意の取得ついて考えていきましょう。

ではここで、ご自身が担当されている利用者さん四〇名、あるいは一〇〇名の皆さんのお顔を思い浮かべてみてください。そして、利用者さんお一人お一人に、「災害時に逃げるために、準備をしましょう。避難計画を、地域の人と一緒に作りましょう」とお誘いすると、どんなお顔をされ、どんなお返事をされるか想像してください。担当している利用者さん全員が、「避難準備しましょう。今から始めましょう」と、積極的に同意されそうでしょうか？　おそらく、多くの方が、「利用者さんは、何らかの拒否的な反応をされる」と予想しているのではないかと思います。

私はこれまで、千数百名の方に同じ質問をしていますが、誰一人として、「利用者さん全員が、すぐに同意されるはずです」とおっしゃる方はいらっしゃいませんでした。皆さんが、苦笑いしながら、首を横に振られています。これから私たちは、利用者さんに、個別避難計画の作成について提案をしなくてはなりませんが、想像されているような反応に直面すると思います。

その時、その後、皆さんは利用者さんにどのような言葉をかけますか？

【問一】

あなたが利用者さんに「災害時、逃げるために準備をしましょう」と言うとします。すべての利用者さんが、「よし、すぐにやろう！」とおっしゃるでしょうか？

【問二】

「よし、すぐにやろう！」以外の答えが返ってくると考えた場合、どのような反応があると予想しますか？

【問三】

【問二】の利用者さんの反応に対して、あなたはどんな言葉がけや対応をしますか？

問一に関して、利用者さんは、**図1**のような反応が多いのではないか、と思います。

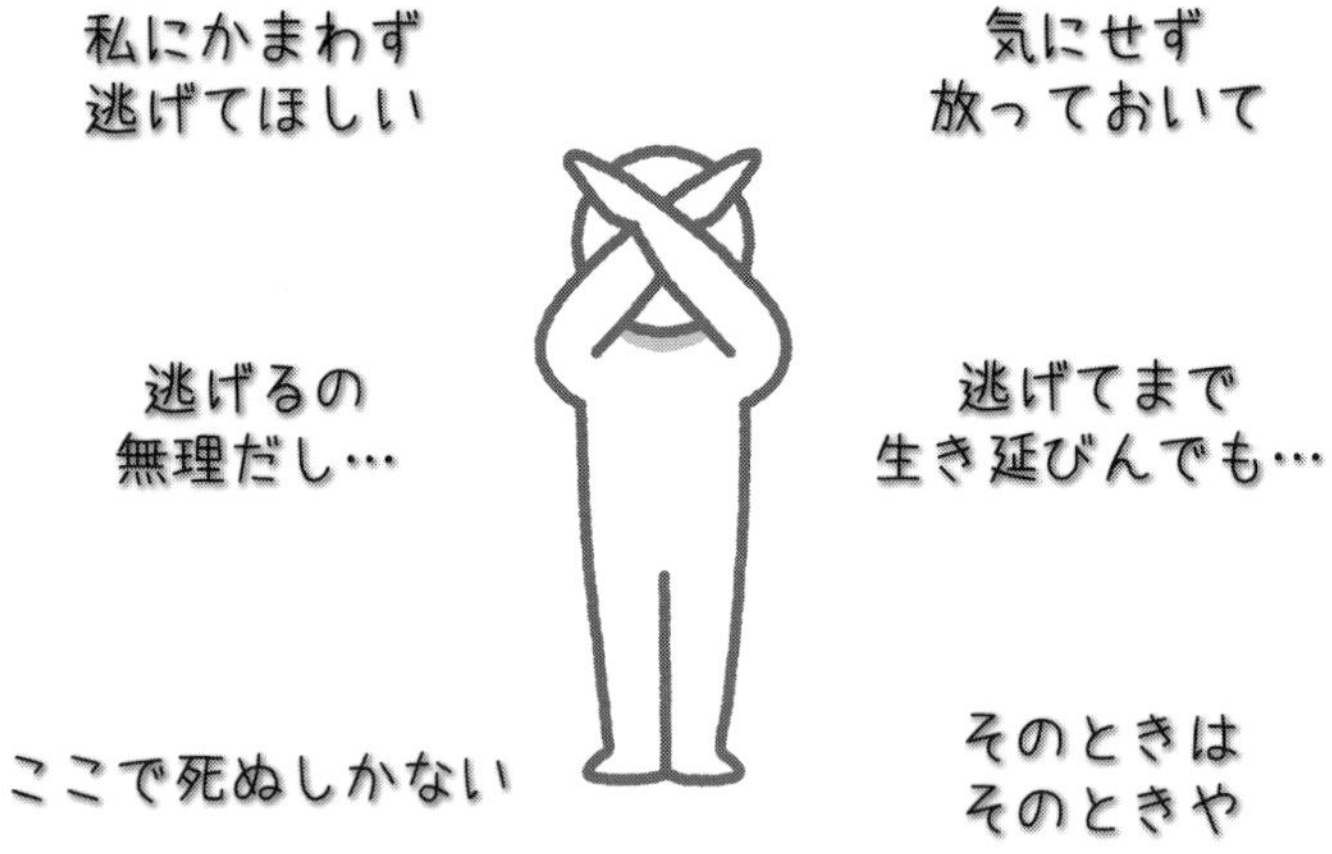
私にかまわず
逃げてほしい
気にせず
放っておいて
逃げるの
無理だし…
逃げてまで
生き延びんでも…
ここで死ぬしかない
そのときは
そのときや

図1　予想される利用者さんの拒否的な反応

ご高齢の方の場合、私も担当していた方がおっしゃった経験がありますが、

「もうお迎えに来てほしいぐらいだから」

「逃げなくてもいいから、放っておいて」

「若い人だけで逃げたらいい」

「そこまでして生き延びたくない」

などの反応が多くありました。また、移動などが難しい方の場合は、

「逃げるのが無理だから」

「できないから仕方がない」

と諦める言葉もよく聞きました。さて、皆さんは、こんな言葉を聞いたら、どうされますか？

私たちは、利用者さんに伴走して支援を行います。とはいえ、常に利用者さんと一緒にいるわけではないので、災害が起こった時、数十名の利用者さんそれぞれのもとに駆けつけることはできません。「備えるための支援」は、利用者さんが災害時に命を守れるために、私たちにできる、唯一のことです。

ですから、諦めるわけにはいかないのですが、支援を拒否されている利用者さんに、どのように働きかけたらよいでしょうか？

当事者力＝防災リテラシー

そこで、思い出してもらいたいことが、「防災リテラシー」です。立木先生のブックレット（『誰一人取り残さない防災に向けて、福祉関係者が身につけるべきこと』）や講義の中で学ばれたと思いますが、その内容を少し思い出してください。

洪水の危険が増して危機が迫った時、避難勧告が出る前に自主的に避難したグループと、避難勧告が出されてから避難したグループと、避難のタイミングが二つに分かれた、という研究結果が紹介されていました。この二つのグループの違いは、何だったでしょうか？

まず、違いの一つ目は、被災経験があるかないか、でした。被災経験があると、その経験から、危険を避けるために行動が早くなりますが、被災経験がない場合は「まあ大丈夫だろう」と行動が遅くなる、というものです。ですから、被災経験があれば、「逃げる準備をして、逃げないといけない」という認識が強まり、備えにも取り組みやすくなります。

しかし、利用者さんに、「被災してください」とは言えません。ですから、参考になるのは、もう一つの違いです。

それは、防災リテラシーの有無でした。つまり、まず、防災について具体的に正しく知っているかどうか、ということです。私たちは利用者さんの防災リテラシーが向上するように働きかけていく必要があると言え

■**具体的に正しく知ること**。防災リテラシー向上！

ハザードマップを一緒に見る。

身近な他の人の備えを知る。（○○さんも準備していますよ）

繰り返し，大切さを説明すること。

災害のニュースがあれば，その度に考えること。

子や孫，近所の人が心配していると伝えること。

■**みんなで考えることが必要だと理解すること。**

当事者として参画を！

『誰一人取り残さない地域』にしたいこと。

○○自治会は，みんなで逃げてみんなで助かること。

個人情報提供に同意をいただき，みんなで考えたいこと。それがみんなにとって大切であること。

図2　当事者力＝防災リテラシー

ます。

防災リテラシーを身につけるために、ハザードマップを利用者さんと一緒に見て、「危ない地域ですね」ということを確認することが第一歩です。

そして、法律が改正されて、日本全国で個別避難計画を作り始めていること、地域でも取り組みが始まっていることを伝えて、「皆やっていますよ」というお話をしましょう。一回聞いたぐらいでは、あまり重要性は伝わらないですし、忘れてしまいます。簡単な言葉でいいので、繰り返して、訪問するたびに説明を続けましょう。何度も聞くと、「そうかな？　そうだったらやってみようかな」と思う気持ちも、大きくなります。

災害のニュースがあれば、その都度、話題に出して考えることも大切です。そのために、日本中や世界の気象や災害情報に目を向けて、お天気や気象のお話をしてください。

「一人では逃げられない」というお話も出るか

と思います。災害時のことは、皆で考えて、皆で取り組むことが大切だということをお伝えください。「『誰一人取り残さない地域社会』にしようとしている」というお話をしてもらいたいと思います。

そして、「私たちはあなた（利用者さん）を担当するケアマネージャーや支援相談員だけれど、地震や洪水があった時は、駆け付けて助けるということができないから、余計に心配していて、できる時に備えるということをサポートしたいんだ」ということもお話ください。

そのあとには、皆で考えるために、個人情報については、本人に確認を取る必要があるので、「皆で考える時に、必要な情報を共有してもいいですよ」という同意もお願いしたい、ということもお伝えください。

利用者さん本人のためにだけではなく、「周りの皆にとっても、あなたの協力はとても大切である」ということが、伝わればいいですね。

そんな話を、利用者さんと繰り返す中で、先ほどのように拒否的な反応があっても、そこからお話を続けていけるようになると思います。

四四ページの**図3**に挙げたのは、利用者さんへの答え方の一例です。

「放っておけません」

「備えるのは今です」

「皆で力を合わせるんです」

「逃げてほしいんです！」

そのようなことを伝える切り返しで、信頼関係のある皆さんが、諦めない姿勢を見せることが大切かと思います。

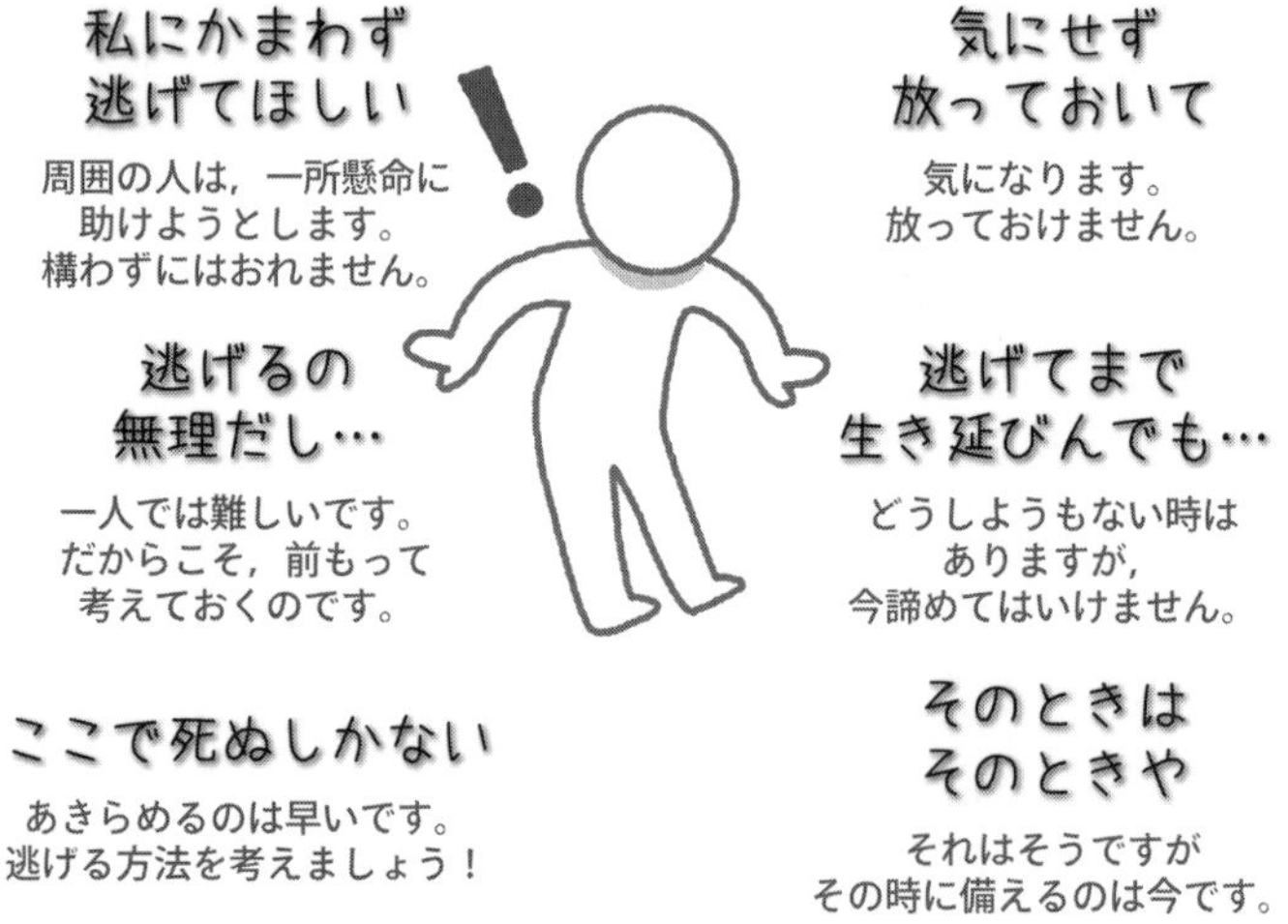
私にかまわず
逃げてほしい
周囲の人は，一所懸命に
助けようとします。
構わずにはおれません。
気にせず
放っておいて
気になります。
放っておけません。
逃げるの
無理だし…
一人では難しいです。
だからこそ，前もって
考えておくのです。
逃げてまで
生き延びんでも…
どうしようもない時は
ありますが，
今諦めてはいけません。
ここで死ぬしかない
あきらめるのは早いです。
逃げる方法を考えましょう！
そのときは
そのときや
それはそうですが
その時に備えるのは今です。

図３　拒否的な反応への切り返し（事例）

これから皆さんは、このようなやり取りをしながら、利用者さんが「じゃあ、やってみるか」とおっしゃる気持ちの変化に出会うと思います。

私たち、この取り組みの実行委員も、地域の調整会議の場や避難訓練の場に参加させてもらうことがありますが、その時に、最初は介護支援専門員や家族の熱意に負けて参加されていたご本人が、一通り終えると、「参加してよかった。安心できる。これからもよろしくお願いします！」と地域の方に話される場面をいくつも見ました。

皆さんも、利用者さんとのやり取りの中で、心を動かした「名切り返し」ができたら、是非、私に教えてください。ここに書き加えたいと思います。

6 当事者力アセスメントの方法
――防災対応力向上シートの使い方

防災対応力向上シートと、避難行動を支える三点

さて、ここまで長い時間、前提のお話をしてきましたが、いよいよ当事者力アセスメントの方法についてお伝えします。この講義の目的は、このアセスメントの方法を身につけることですので、ここからが本題です。実際に手を動かしながら、やっていきましょう。

第4章で、当事者力アセスメントは、皆さんの日頃のアセスメントを拡張したものです、ということをお伝えしました。その拡張について、理論を説明すると、とても長い時間を要してしまうので、今回は専用のツールである「防災対応力向上シート」をご用意しました。これを使って、避難行動を支える三点を確認します。

その三点とは、

① 防災・発災時の備えの現状と課題、改善策の確認（防災チェックリスト）
② 住環境や地域の支援者、同行者やペットの確認（基本情報）

日頃のアセスメント

介護保険サービス利用or福祉サービス利用の
ケアプラン策定のためのアセスメント事項
（フェイスシート，ケアプラン）
＋

避難行動を支える3点（防災対応力向上シート）

1. 防災・発災時の備えの現状と課題，改善策の確認（チェックリスト）
2. 住環境や地域の支援者，同行者やペットの確認（基本情報）
3. 発災時に備えた行動の確認（マイ・タイムライン）

図1　当事者力アセスメントの方法（イメージ図）

③　発災時に備えた行動の確認（マイ・タイムライン）

です。

それでは、お手元に防災対応力向上シートをご用意ください。防災対応力向上シートは、Ａ３サイズで二枚分です（**図2**）。

一枚目は、「防災チェックリスト」です。これは、備えや避難行動の支援について確認するシートです。

二枚目は、左側に「基本情報」です。氏名や連絡先、家について、身体について、避難について、ペットについてなど、様々な情報を書き込みます。

二枚目の右側は、「マイ・タイムライン」です。主に気象災害の時に、順番に行う計画を記入するシートです。

防災対応力向上シート①
――防災チェックリスト

防災チェックリストの使い方

それでは、一つずつ使い方を見ていきましょう。まず

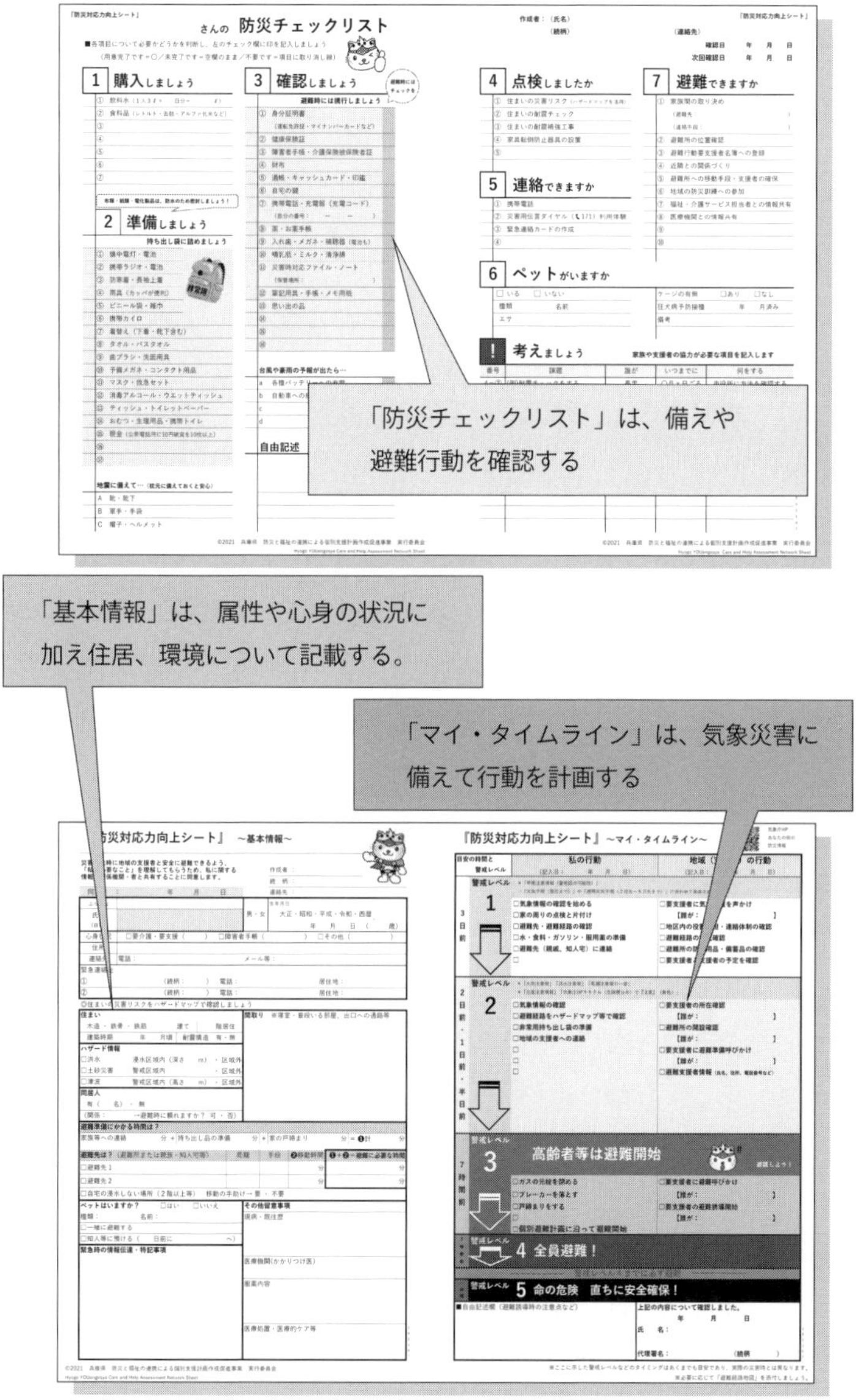
「防災チェックリスト」は、備えや避難行動を確認する
「基本情報」は、属性や心身の状況に加え住居、環境について記載する。
「マイ・タイムライン」は、気象災害に備えて行動を計画する
さんの 防災チェックリスト
1 購入しましょう
2 準備しましょう
3 確認しましょう
4 点検しましたか
5 連絡できますか
6 ペットがいますか
7 避難できますか
! 考えましょう
『防災対応力向上シート』～基本情報～
『防災対応力向上シート』～マイ・タイムライン～
私の行動
警戒レベル 3 高齢者等は避難開始
警戒レベル 4 全員避難！
警戒レベル 5 命の危険 直ちに安全確保！

図2 防災対応力向上シート

は、防災チェックリストです。

防災チェックリストをご覧ください（五〇―五一ページ図3）。左上には、利用者さんである〇〇さんの名前を記入する空欄があります。ご本人専用のシートである、ということを分かりやすくするために、使う際には、利用者さんのお名前を分かりやすくご記入ください。

なお、名前の欄の下には、シートの使い方が書いてあります。このシートは、チェックリストですが、〇だけ付けていくチェックシートです。それぞれの項目の左側に記入欄がありますが、災害が発生した時のことを考えた時、「用意完了、準備万端、これで安心！」という状態になっている時には、〇を記入しましょう。まだ整っていない、という時には、何も書きません。中には、ご本人には不要であるものが書いてある場合もあります。その場合は、線を引いて消してください。このシートの左の欄が、〇でいっぱいになるように、準備を進めて〇を付けて……を繰り返していくシートです。

では、折角ですので、皆さんもご自身の備えをチェックリストで確認してみましょう。ひとまず、災害が起こったことを考えて、三日分の備えが、今、自宅にあるかどうかを思い浮かべながら、〇を付けてみてください。「1購入しましょう」から「7避難できますか」までの項目を、どんな項目があるかも見ながら、チェックしてください。

飲み水とか、食料備蓄に〇が付いていない方がいらっしゃったら、まず、備蓄できる水と食料を少し買い足すところから、ご自身も備えを始めてください。

それでは、一緒にリストの内容を見ていきましょう。

リストの内容を見てみましょう

図3は、独居の高齢者の方のチェックリストで、介護支援専門員（兵庫太郎さん）が確認しながら、一緒に作られました。右上の点線の囲みのところに、介護支援専門員の名前や事業所、連絡先を記入する欄があります。

また、先ほど、皆さんには記入していただいていないですが、右下には「！考えましょう」という欄があります。ここは、○が付いていない項目を、○にするためにはどうすればいいのかを考えて書いておく、やるべきことリストです。この「！考えましょう」の欄に書いたことを実行することで、チェックリストの○が増えていきます。なお、この利用者さんの事例では、かなりの項目に○が付いていて、準備が進んでいることが分かります。

この事例では複数の色の文字で記入されているのですが、その秘密は、その介護支援専門員の連絡先の下に記載されている日付の部分にあります。五二ページの**図4**をご覧ください。

この介護支援専門員は、防災チェックシートに○を付けたのがいつか分かるように、色分けをしています。一回目は、五月一三日に記入されました。二回目は六月一一日に、別の色の文字で記入されています。そして、三回目は、九月五日にまた別の色の文字で記入されました。○の色を見ると、どの時点で準備ができたのかを確認することができます。

薬や飲食料品、電池など使用期限があるものや、劣化するものは、確認日を明確にすることで、管理しやすくなるでしょう。よい工夫だと思いますので、参考にしていただきたいと思います。

作成者：（氏名）　兵庫　太郎
（続柄）　ひょうのすけ居宅介護支援事業所　（連絡先）　071－XXX－XXXX 6/11 9/5

確認日　令和3年　5月　13日
次回確認日　令和4年　9月　5日

4 点検しましたか

○	① 住まいの災害リスク（ハザードマップを活用）
	② 住まいの耐震チェック
	③ 住まいの耐震補強工事
	④ 家具転倒防止器具の設置
	⑤

5 連絡できますか

	① ~~携帯電話~~
	② 災害用伝言ダイヤル（📞171）利用体験
◎	③ 緊急連絡カードの作成
	④

6 ペットがいますか

☑いる　□いない
種類　猫　　名前　花子（雑種12歳）
エサ　缶詰　　※写真を用意

ケージの有無　□あり　☑なし
狂犬病予防接種　年　月済み
備考　首輪、ひもなし ⇒購入した
トイレ用の砂必要

7 避難できますか

◎	① 家族間の取り決め （避難先：　朝日小学校　） （連絡手段：　）
◎	② 避難所の位置確認
◎	③ 避難行動要支援者名簿への登録
◎	④ 近隣との関係づくり
◎	⑤ 避難所への移動手段・支援者の確保
◎	⑥ 地域の防災訓練への参加
○	⑦ 福祉・介護サービス担当者との情報共有
○	⑧ 医療機関との情報共有
	⑨
	⑩

! 考えましょう

家族や支援者の協力が必要な項目を記入します

番号	課題	誰が	いつまでに	何をする
4－②	（例）耐震チェックをする	長男	○月×日ごろ	市役所に方法を確認する
1-①②	**水と食料の購入**	**ヘルパー**	**5月末ごろ**	**購入する、湯船に水を溜める**
2	**非常用持ち出し袋の準備**	**ヘルパー・長女**	**7月末ごろ**	**購入する・準備する**
4-②④	耐震チェック、家具転倒防止の確認	本人・長女	9月末ごろ	市の制度を確認する 家具の固定を確認し、不足部分は設置
5-②	使い方を知る	ケアマネジャー	8月末ごろ	練習する（家族と相談する）
5-③	緊急連絡カードの作成	ケアマネジャー	7月末ごろ	作成し、保険証と一緒に保管
7-①	話し合いが必要	本人・長女・長男	避難訓練まで	取り決めをする
7-③	登録が必要	ケアマネジャー	6月末ごろ	申請書を提出する
7-④⑤	地域の支援者を決める	本人・長女 ケアマネジャー 地域住民	避難訓練まで	個別避難計画を作成し、 避難訓練に参加する
7-⑥	訓練に参加する			
6	ケージを使えるようになる	本人・長女	避難訓練まで	首輪をつける、ひもを用意 ケージを購入、入る練習をする

リスト①：記入例

A　さんの　防災チェックリスト

■各項目について必要かどうかを判断し、左のチェック欄に印を記入しましょう
（用意完了です＝○／未完了です＝空欄のまま／不要です＝項目に取り消し線）

1 購入しましょう

○	①	飲料水（1人3ℓ×5日分＝15ℓ）
○	②	食料品（レトルト・缶詰・アルファ化米など）
◎	③	カセットコンロ・ボンベ⇒3食×5日分
	④	⇒カップ麺あり
	⑤	
	⑥	
	⑦	

布類・紙類・電化製品は、防水のため密封しましょう！

2 準備しましょう

持ち出し袋に詰めましょう

○	①	懐中電灯・電池
○	②	携帯ラジオ・電池
○	③	防寒着・長袖上着
◎	④	雨具（カッパが便利）
○	⑤	ビニール袋・雑巾
◎	⑥	携帯カイロ
○	⑦	着替え（下着・靴下含む）
○	⑧	タオル・バスタオル
○	⑨	歯ブラシ・洗面用具
○	⑩	予備メガネ・~~コンタクト用品~~
○	⑪	マスク・救急セット
○	⑫	消毒アルコール・ウエットティッシュ
○	⑬	ティッシュ・トイレットペーパー
◎	⑭	~~おむつ・生理用品~~・携帯トイレ
○	⑮	現金（公衆電話用に10円硬貨を10枚以上）
◎	⑯	背負えるタイプのカバン
	⑰	

地震に備えて…（枕元に備えておくと安心）

◎	A	靴・靴下
◎	B	軍手・手袋
◎	C	帽子・ヘルメット

3 確認しましょう

避難時にはチェックを

避難時には携行しましょう

○	①	身分証明書 （~~運転免許証~~・マイナンバーカードなど）
○	②	健康保険証　①～③電話の下の引出
○	③	~~障害者手帳~~・介護保険被保険者証
○	④	財布
○	⑤	通帳・キャッシュカード・印鑑
○	⑥	自宅の鍵
	⑦	~~携帯電話・充電器（充電コード）~~ （自分の番号：　－　－　）
○	⑧	薬・お薬手帳　米びつの横のカゴ
○	⑨	入れ歯・メガネ・~~補聴器（電池も）~~
	⑩	~~哺乳瓶・ミルク・清浄綿~~
	⑪	~~災害時対応ファイル・ノート~~ （保管場所：　）
○	⑫	筆記用具・手帳・メモ用紙
	⑬	思い出の品（花子の写真）
○	⑭	杖
○	⑮	薬5日分予備
	⑯	※低血糖時のブドウ糖、飴も用意！

台風や豪雨の予報が出たら…

a	~~各種バッテリーへの充電~~
b	~~自動車への給油~~
c	
d	

自由記述

＊非常用持ち出し袋（本人用・花子用）は
玄関に置いておく。

図3　防災チェック

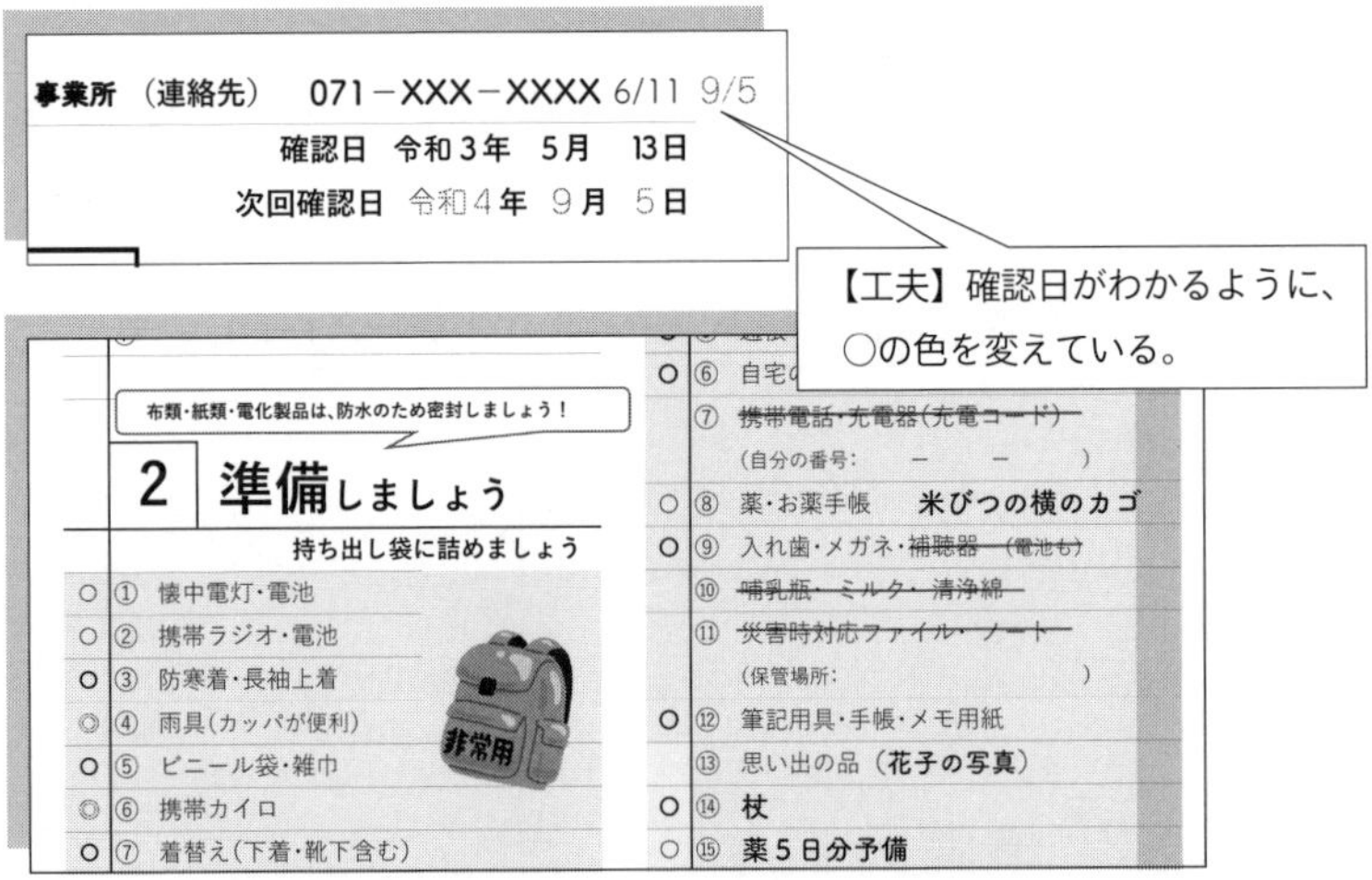
事業所（連絡先） 071－XXX－XXXX 6/11 9/5
確認日 令和3年 5月 13日
次回確認日 令和4年 9月 5日
【工夫】確認日がわかるように、
○の色を変えている。
布類・紙類・電化製品は、防水のため密封しましょう！
2 準備しましょう
持ち出し袋に詰めましょう
○ ① 懐中電灯・電池
○ ② 携帯ラジオ・電池
○ ③ 防寒着・長袖上着
◎ ④ 雨具（カッパが便利）
○ ⑤ ビニール袋・雑巾
◎ ⑥ 携帯カイロ
○ ⑦ 着替え（下着・靴下含む）
非常用
○ ⑥ 自宅の
⑦ 携帯電話・充電器（充電コード）
（自分の番号： － － ）
○ ⑧ 薬・お薬手帳 米びつの横のカゴ
○ ⑨ 入れ歯・メガネ・補聴器（電池も）
⑩ 哺乳瓶・ミルク・清浄綿
⑪ 災害時対応ファイル・ノート
（保管場所： ）
○ ⑫ 筆記用具・手帳・メモ用紙
⑬ 思い出の品（花子の写真）
○ ⑭ 杖
○ ⑮ 薬5日分予備

図4　防災チェックリスト②：色分けして確認日を明確にする

リストの項目と確認ポイント

それでは、[1]〜[7]を一項目ずつ見ていきましょう。

まず、「[1]購入しましょう」です。確認のポイントがいくつかあります。飲料水は、一人三リットルが目安ですので、家族の人数と、備えるべき日数分を確認してください。食料品は、嚥下や咀嚼、好みも合わせて用意しましょう。ご飯だけではなく、甘いものや好きな食べ物、野菜ジュースなども置いておくとよいでしょう。

なお、**図3**では、空欄が多くありますが、各自で購入して備えておきたいものを記入してください。例えば、食品ラップはお皿の上に敷いて使うことで、お皿を水洗いする必要がなくなります。水道が止まっている時には、便利な方法です。

また、皆さんは、飲料水を入れることができるような給水容器をお持ちですか？　水道が止まった時には、給水車が来ますが、入れ物がなければ、もらいに行けませんね？　飲み水を入れることを考えると、普段使

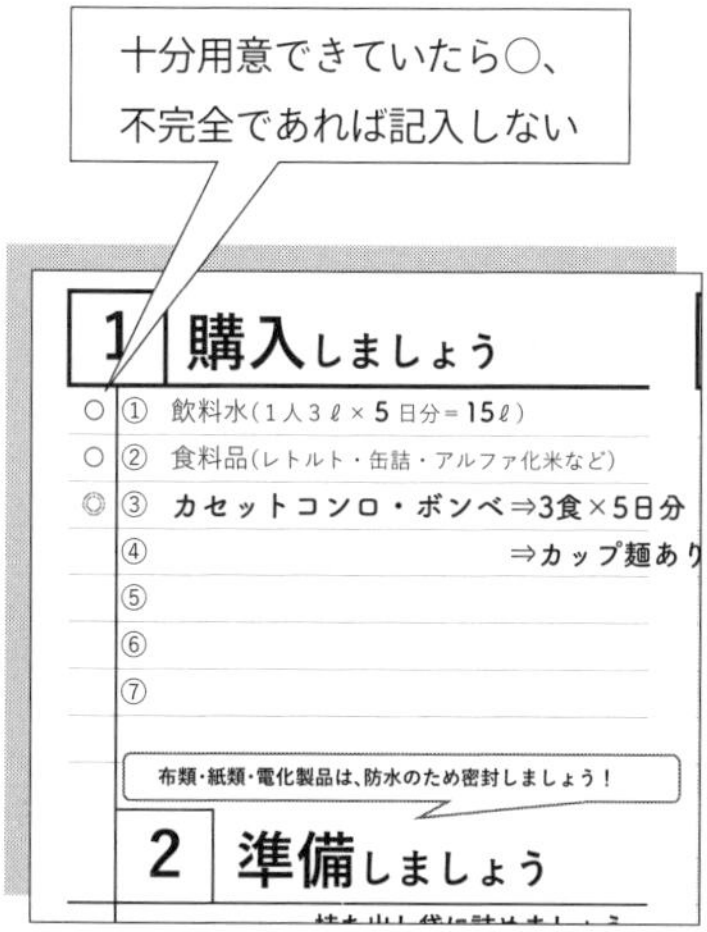
十分用意できていたら○、
不完全であれば記入しない
1 購入しましょう
○ ① 飲料水（1人3ℓ×5日分＝15ℓ）
○ ② 食料品（レトルト・缶詰・アルファ化米など）
◎ ③ カセットコンロ・ボンベ⇒3食×5日分
⇒カップ麺あり
④
⑤
⑥
⑦
布類・紙類・電化製品は，防水のため密封しましょう！
2 準備しましょう

1　確認のPoint

- 飲料水は、1人1日に3リットル。
- 食料品は、好みや調理環境（アルファ化米など加熱なしで食べられるものが良い）を考えて各種そろえる。3食×日数分。チョコレートや飴などがあると、気持ちが和むことも。野菜ジュース等も。
- その他、個人の必要なもの、好みのものを購入して備蓄しましょう。

（例）食品ラップ、カセットコンロとガス、LEDランタン、給水タンク等

図5　防災チェックリスト③：「1購入しましょう」と確認ポイント

っているバケツなどに入れるのもどうかと思いますから、お持ちでないなら、ご用意をお考えください。

次に、「2準備しましょう」です（図6）。ここでは、在宅避難ではなく、避難所などに逃げる場合に持っていくものを確認します。

なお、利用者さんにも伝えて確認してもらいたいのですが、この項目で用意するものの中には、タオルやおむつや着替えなどが含まれています。これらは、水に濡れると使えなくなるものです。避難する時には雨の中を歩くことも多いので、紙製品や布製品が濡れないように、ビニール袋やジッパー付袋に密閉して入れるようにしましょう。

この項目にも、確認ポイントがいくつかあります。持っていくカバンは、両手が空くように、リュックまたは斜め掛けできるカバンなどがよいと思います。また、現金は、お札だけではなく、公衆電話を使うことを考え、一〇円玉を多めに入れておきましょう。その他、必要な方は、アイマスク、耳栓などを用意される

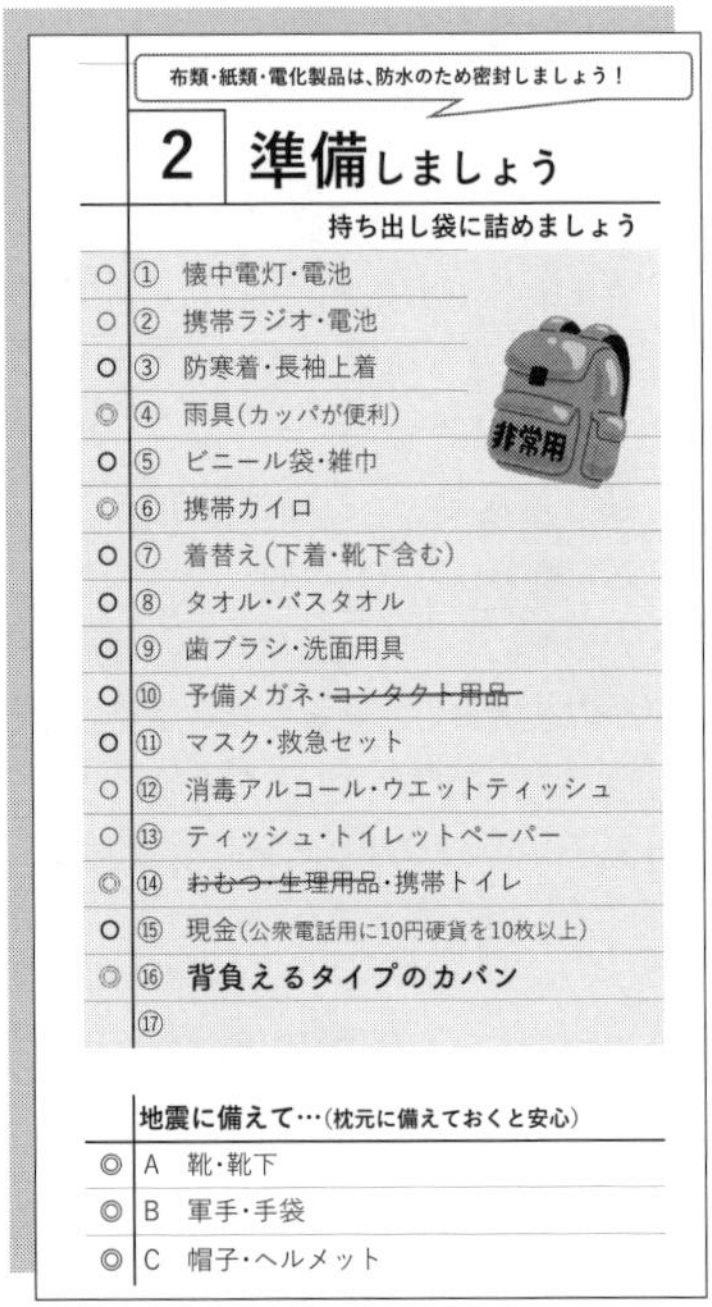
布類・紙類・電化製品は、防水のため密封しましょう！

2 準備しましょう

持ち出し袋に詰めましょう

○	①	懐中電灯・電池
○	②	携帯ラジオ・電池
○	③	防寒着・長袖上着
◎	④	雨具（カッパが便利）
○	⑤	ビニール袋・雑巾
◎	⑥	携帯カイロ
○	⑦	着替え（下着・靴下含む）
○	⑧	タオル・バスタオル
○	⑨	歯ブラシ・洗面用具
○	⑩	予備メガネ・~~コンタクト用品~~
○	⑪	マスク・救急セット
○	⑫	消毒アルコール・ウエットティッシュ
○	⑬	ティッシュ・トイレットペーパー
◎	⑭	~~おむつ・生理用品~~・携帯トイレ
○	⑮	現金（公衆電話用に10円硬貨を10枚以上）
◎	⑯	**背負えるタイプのカバン**
	⑰	

地震に備えて…（枕元に備えておくと安心）

◎	A	靴・靴下
◎	B	軍手・手袋
◎	C	帽子・ヘルメット

【重要】布・紙製品は、濡らさないようにビニール袋やジッパー付き袋等に密閉する。

2　確認のPoint

- リュック等持ちやすいカバンに入れて、持ち出しやすい場所に置いておく。
- 懐中電灯、ラジオ等の電池で動くものは、予備電池の用意も！
- マスクや消毒、石鹸等感染症対策品を入れておきましょう。
- 現金は、公衆電話を使うことも考え、必ず10円玉を多めに含めて用意する。
- その他必要な物を記入。（例）アイマスク、耳栓、等

図6　防災チェックリスト④：「2準備しましょう」と確認ポイント

とよいと思います。

次は、「3確認しましょう」です（**図7**）。

この欄は、避難する時には持って逃げ、かつ、日頃から使っている貴重品類を集めた項目です。左の欄に用意を確認して○を付けます。この項目には、右にもチェック用の欄がありますが、これはいざ避難する時に、忘れ物がないようにチェックする欄です。

図5に記したように、この項目にもポイントがいくつかあるので、確認しながら作ってください。また、この項目は貴重品類ですから、常時身に着けていられるように、ウエストバッグやポシェットなどに入れましょう。

次は、「4点検しましたか」と「5連絡できますか」です（**図8**）。

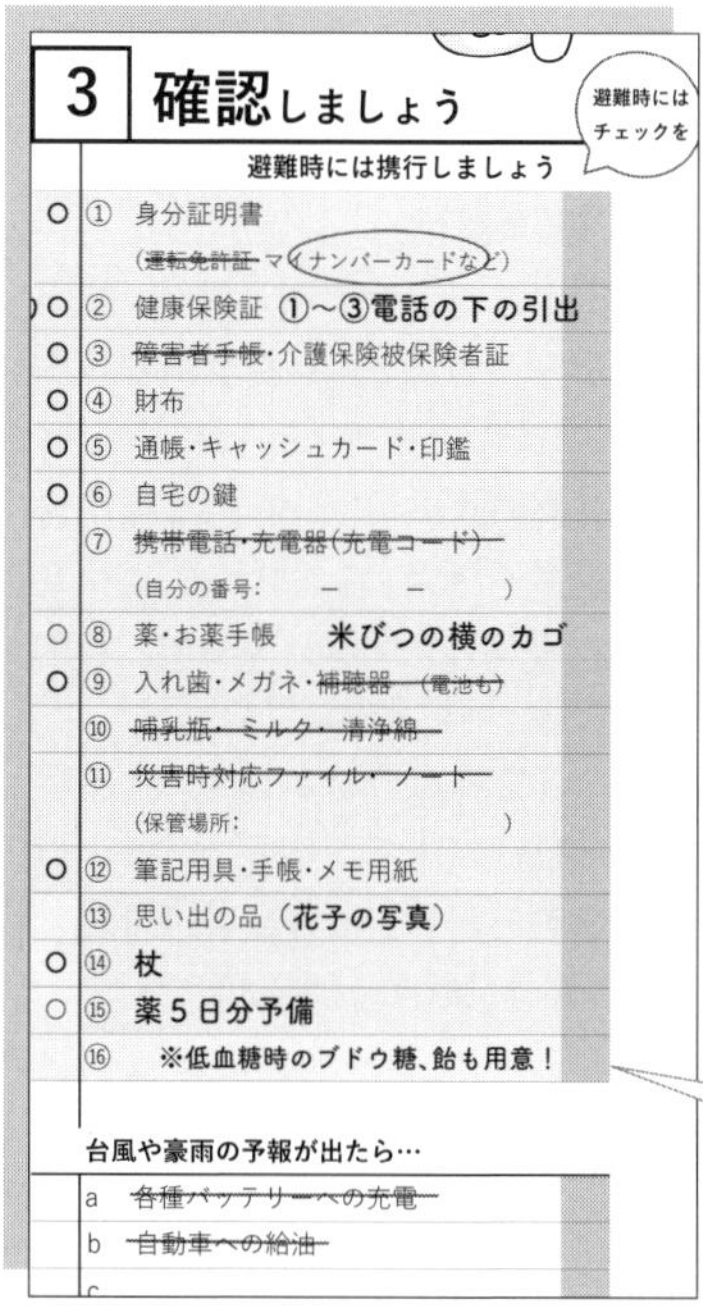

3　確認の Point

- 携帯電話の自分の番号は、覚えているか確認を。充電器・コードも持って逃げよう。
- 医療的ケアが必要な方で、ファイル等を作っている場合は忘れずに持ち出そう。
- 家族の写真は、行方を捜す場合にも役に立つ。
- 常時身につけていられるように、ウエストバッグやポシェットなどに入れる。

こっちは、実際に逃げる直前の忘れ物防止用のチェック欄。

図7　防災チェックリスト⑤：「3確認しましょう」と確認ポイント

まず、4の点検では、住まいの点検をします。耐震チェックをどこでしたらいいのか分からない場合は、役所に尋ねてみましょう。また、家具の転倒防止は、寝室の家具は固定されている方がいらっしゃると思いますが、それだけではなく、外へ逃げるための通り道になる廊下や掃き出し窓までの通り道がふさがれないか、確認をしましょう。同時に、棚の上に片づけている荷物が崩れてきたら、通れなくなりますから、上に積み上げる方法で片づけるのも見直すとよいでしょう。

5の連絡ですが、「171　災害用伝言ダイヤル」の練習を一度してみましょう。使ったことがなければ、いざという時に使えないと思います。一度練習しておくと安心です。

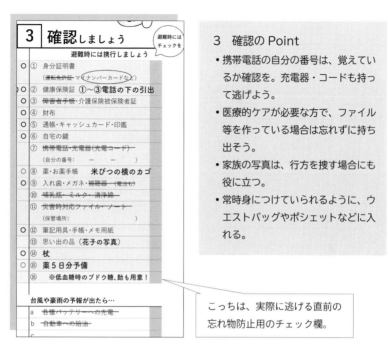

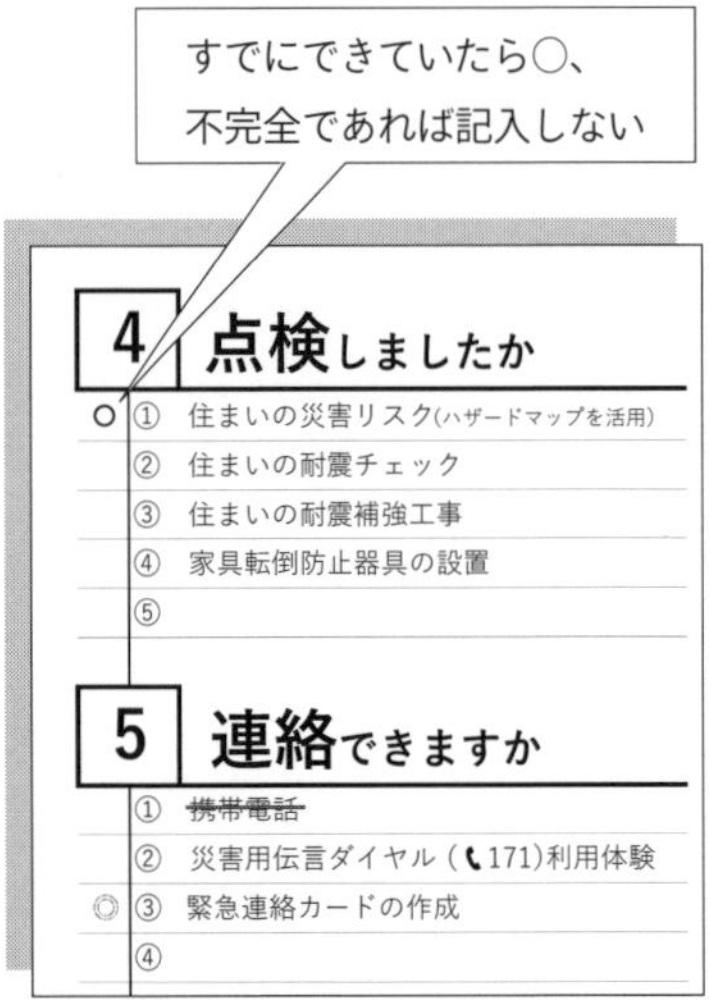

すでにできていたら○、
不完全であれば記入しない
4 点検しましたか
○ ① 住まいの災害リスク（ハザードマップを活用）
② 住まいの耐震チェック
③ 住まいの耐震補強工事
④ 家具転倒防止器具の設置
⑤
5 連絡できますか
① ~~携帯電話~~
② 災害用伝言ダイヤル（171）利用体験
◎ ③ 緊急連絡カードの作成
④

4・5　確認のPoint

- ハザードマップはWeb上のマップで確認が便利。
- 耐震チェックや耐震工事は、助成制度がある場合も。役所に尋ねてみよう。
- 家具転倒防止は、「上に物を置かない」「倒れないように留める」。寝室だけでなく、普段いる場所、外までのルートに実施。
- 携帯電話を使わない場合、代替手段の検討を。
- 災害用伝言ダイヤルは、毎月1日、15日などに練習利用可能。

図8　防災チェックリスト⑥：「4点検しましたか」「5連絡できますか」と確認ポイント

さて、次は、「6ペットがいますか」という項目です（**図9**）。ペットを飼っていない方はここは飛ばしてもらえますが、ペットを飼っている方は、記入してください。

避難する時に、ペットの話題が出ると、避難所が受け入れられるかどうかという話になりがちですが、ここではまず、「ペットは連れて逃げる」というのが原則です。具体的に、ペットの情報を記入してください。また、災害時のペットについてどうすればいいのか、について、一度かかりつけの動物病院で相談されるのもいいでしょう。

最近では、ペットを飼っている方はとても多く、皆さんが〝家族〟として、様々な動物をかわいがっていますから、皆で考えていく問題と言えるでしょう。

最後に、七つ目の項目は、「避難できますか」です（**図10**）。いくつかポイントがあります

ペットを飼っている場合、必須！

6 ペットがいますか

☑いる　□いない	ケージの有無　□あり　☑なし
種類　猫　名前　花子（雑種12歳）	狂犬病予防接種　年　月済み
エサ　缶詰　※写真を用意	備考　首輪、ひもなし　⇒購入した
	トイレ用の砂必要

6　確認の Point　『ペットは家族同然、家族以上！？』

- ペットは同行して避難する。
- ペットの種類（犬、猫、小動物、爬虫類 etc）と名前（呼んだら来るかどうかも確認）、食べ物や世話の方法などを確認。写真があると、逃げた時に捜すのに役立つ。
- 動物病院等が災害時に動物を預かる支援をする場合もある。かかりつけの動物病院で確認してみよう。
- 【課題】避難所での動物同行避難は、居場所が課題になることが多いが、昨今ではペットを飼っている人は多い。地域の課題として、対応を考える必要があることを認識しよう。

図9　防災チェックリスト⑦：「6ペットがいますか」と確認ポイント

できていたら○、不完全であれば記入しない

7 避難できますか

◎	①	家族間の取り決め（避難先：　朝日小学校　）（連絡手段：　）
◎	②	避難所の位置確認
◎	③	避難行動要支援者名簿への登録
◎	④	近隣との関係づくり
◎	⑤	避難所への移動手段・支援者の確保
◎	⑥	地域の防災訓練への参加
○	⑦	福祉・介護サービス担当者との情報共有
○	⑧	医療機関との情報共有
	⑨	
	⑩	

7　確認の Point

- 家族とは、避難先を決め、そこが集合場所であることも確認する。（お互いに探して入れ違わないように）
- 避難所の位置、道順は、ハザードマップを使って確認を。外出しにくい場合、ストリートビューや google アースなどで道を確認するのも便利。

図10　防災チェックリスト⑧：「7避難できますか」と確認ポイント

○が付いていない項目の「課題」と解決手段を考えよう

! 考えましょう　　家族や支援者の協力が必要な項目を記入します

番号	課題	誰が	いつまでに	何をする
4－②	(例)耐震チェックをする	長男	○月×日ごろ	市役所に方法を確認する
1-①②	水と食料の購入	ヘルパー	5月末ごろ	購入する、湯船に水を溜める
2	非常用持ち出			
4-②④	耐震チェック、家			設置
5-②	使い方を知る			る）
5-③	緊急連絡カードの作成	ケアマネジャー	7月末ごろ	作成し、保険証と一緒に保管
7-①	話し合いが必要	本人・長女・長男	避難訓練まで	取り決めをする
7-③	登録が必要	ケアマネジャー	6月末ごろ	申請書を提出する

「誰が」の欄には、地域の人の名前が入る場合がある。
その場合は、地域調整会議等で確認して記入する。

課題確認のPoint　達成・実現できるよう、具体的に！

- 番号には、チェックリストの分類番号を描く。例は「4　点検しましたか」の②の項目。
- 「課題」には、実現するのに課題となっていることを記入する。
- 「誰が」「いつまでに」は、具体的に書く。期間は、長すぎないように。
- 「何をする」は、具体的に行う行動を書く。
- 課題が解決し、備えが整ったら、チェックリストの該当項目に○を付ける。

図11　防災チェックリスト⑨：「考えましょう」の記入例

が、まず、避難先がどこかを確認しておきましょう。

避難所への道は、実際に歩いてみるのが一番よいのですが、難しい場合もあるかと思います。ハザードマップで確認してもらいたいと思いますが、それ以外にも、例えばGoogleアースやストリートビューなどで、最近の道や周囲の建物がどうなっているかを見てみるとよいでしょう。便利なWebサイトを上手に使ってください。

さて、これで七項目が一通りチェックできたかと思います。すべてに一回目で○が付けばいいのですが、なかなかそうはならないと思います。ですので、○を増やして、備えを進めていくことを考えなければなりません。そこで、この「！考えましょう」の欄を使います。

この欄では、**図11**のように、○が付かなかった番号を記載して、その課題について書きます。そして、それに対して、誰が・いつまでに・何をするかを書いておき、実行していく、ということになります。

例えば、この利用者さんのシートの1の①（飲料水）と②（食料品）には、当初○が付いていませんでした。ですから、ここに課題として挙がってきて、水と食料を購入する必要があるということになりました。この例では、日頃の買い物はヘルパーさんが行くので、今度買い物に行ってもらう時には、水と保存できる食料を多めに買ってきてもらうことにしています。また、飲み水ではなく、トイレに使う水としてお風呂に少し水を溜めておくこともするようです。

このように、○が付いていないところを挙げて、すべきことを確認できるようにします。中には、誰がするかに、地域の人に協力をしてもらわなければならない場合もありますが、その場合は、後ほどの地域での会議で確認して名前を書き込むことになります。

ここに書いてあることが実行できたら、チェックリストに戻って○を付けて、その課題は完了ということになります。繰り返していくと、備えがどんどん充実してきますね。

以上が、防災チェックリストの使い方です。

防災対応力向上シート②
——基本情報

利用者の個人情報の共有について

では、次は「基本情報」の使い方を見ましょう。お手元の防災対応力向上シートの基本情報をご覧ください（図12）。

左上の同意日と氏名の欄の上を見てください。そこに、個人情報の共有への同意を確認する文章があります。「災害発生時に地域の支援者と安全に避難できるよう、「私に必要なこと」を理解してもらうため、私に関する情報を関係機関・者と共有することに同意します」。この部分は、この防災対応力向上シートの共有の同意欄になるので、最初に利用者さんに確認し、作った後に再度確認し、同意されることを確認して、お名前を自署していただいてください。説明文の文字が少し小さいですので、読みにくい方には、支援者が読み上げて、確認してもらってください。

基本情報の内容を見てみましょう

では、この基本情報のシートの内容ですが、ざっと見て、皆さんが利用者さんのことについて、すでに把握できている情報はどれでしょう？　逆に把握できていない情報はどれでしょう？

おそらく、すべてをゼロから聞き取る必要はないと思います。図13のグレーで覆った部分は、概ね、皆さんが日頃把握されている利用者さんの連絡先や同居人の有無、健康状態の情報欄です。ですので、それ以外のところについて、確認しましょう。

まず、真ん中のあたりの、住まいの確認です。皆さんは、利用者さんの住居が、戸建てか、集合住宅か、木造か鉄筋かぐらいは、訪問した時に見て把握されていると思います。それでは、その建物が何年に建てられたものか、聞いていますか？　防災では、その家の強さも、逃げるか留まるか、また補修すべきかどうかを考える際にポイントとなる情報です。

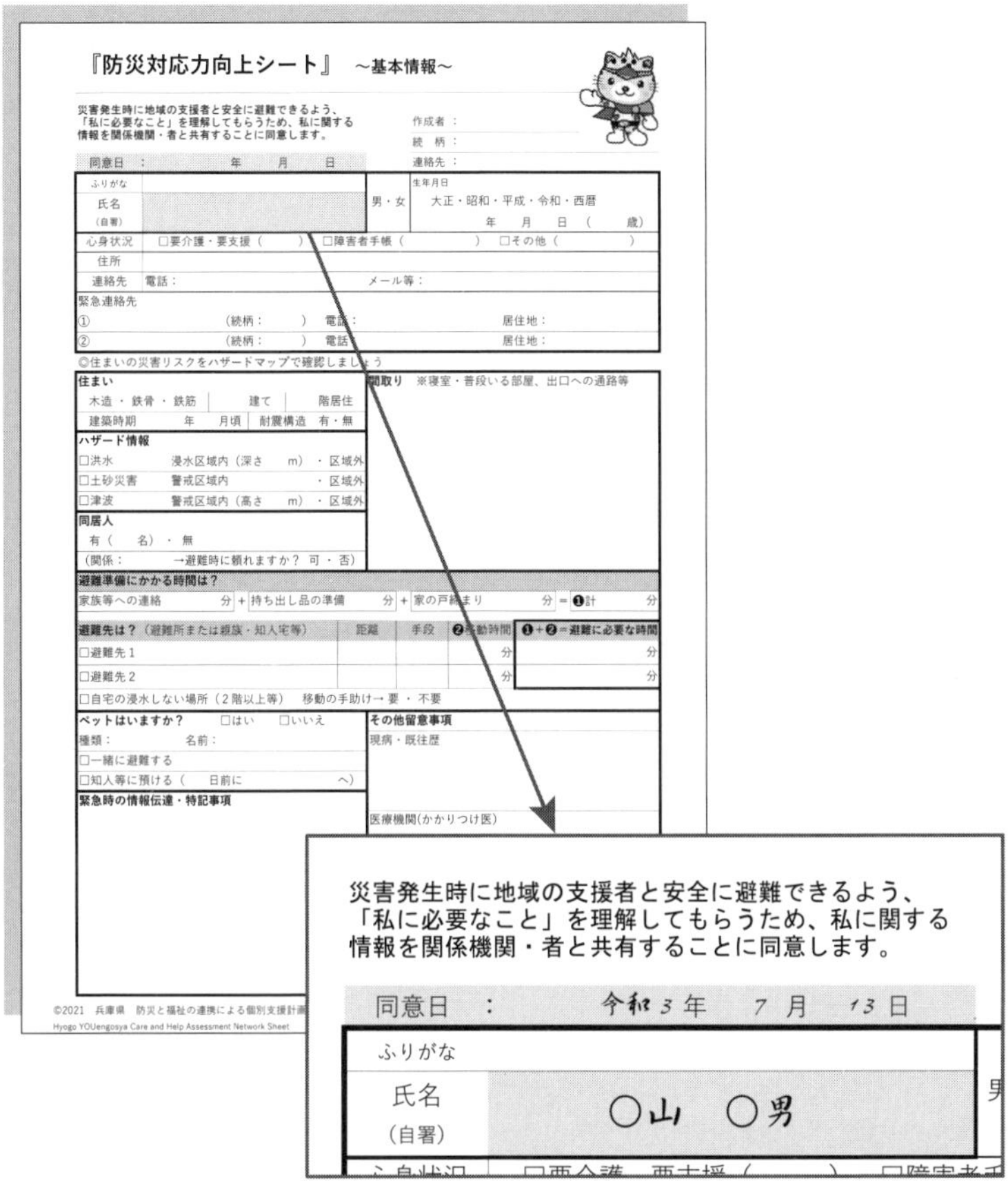
『防災対応力向上シート』 ～基本情報～
災害発生時に地域の支援者と安全に避難できるよう、
「私に必要なこと」を理解してもらうため、私に関する
情報を関係機関・者と共有することに同意します。
作成者：
続柄：
連絡先：
同意日： 年 月 日
ふりがな
氏名（自署）
男・女
生年月日
大正・昭和・平成・令和・西暦 年 月 日（ 歳）
心身状況 □要介護・要支援（ ） □障害者手帳（ ） □その他（ ）
住所
連絡先 電話： メール等：
緊急連絡先
①（続柄： ）電話： 居住地：
②（続柄： ）電話： 居住地：
◎住まいの災害リスクをハザードマップで確認しましょう
住まい
木造・鉄骨・鉄筋 建て 階居住
建築時期 年 月頃 耐震構造 有・無
間取り ※寝室・普段いる部屋、出口への通路等
ハザード情報
□洪水 浸水区域内（深さ m）・区域外
□土砂災害 警戒区域内・区域外
□津波 警戒区域内（高さ m）・区域外
同居人
有（ 名）・無
（関係： →避難時に頼れますか？ 可・否）
避難準備にかかる時間は？
家族等への連絡 分 + 持ち出し品の準備 分 + 家の戸締まり 分 = ❶計 分
避難先は？（避難所または親族・知人宅等） 距離 手段 ❷移動時間 ❶+❷=避難に必要な時間
□避難先１ 分 分
□避難先２ 分 分
□自宅の浸水しない場所（２階以上等） 移動の手助け→要・不要
ペットはいますか？ □はい □いいえ
種類： 名前：
□一緒に避難する
□知人等に預ける（ 日前に へ）
その他留意事項
現病・既往歴
医療機関(かかりつけ医)
緊急時の情報伝達・特記事項
©2021 兵庫県 防災と福祉の連携による個別支援計画
Hyogo YOUengosya Care and Help Assessment Network Sheet
災害発生時に地域の支援者と安全に避難できるよう、
「私に必要なこと」を理解してもらうため、私に関する
情報を関係機関・者と共有することに同意します。
同意日： 令和３年 ７月 13日
ふりがな
氏名（自署） ○山 ○男

確認してください。

1. 本人に同意をもらうための説明文と署名をもらう場所を確認しよう。
2. 同意を確認し署名をもらうタイミングを確認しよう。
3. あなたがケアマネジャーまたは相談支援専門員として、利用者さんの情報で、すでに知っている項目はどれですか？
4. 利用者さんの情報で、知らない・尋ねたことがない情報はどれですか？

図12　基本情報①：個人情報の共有への同意欄

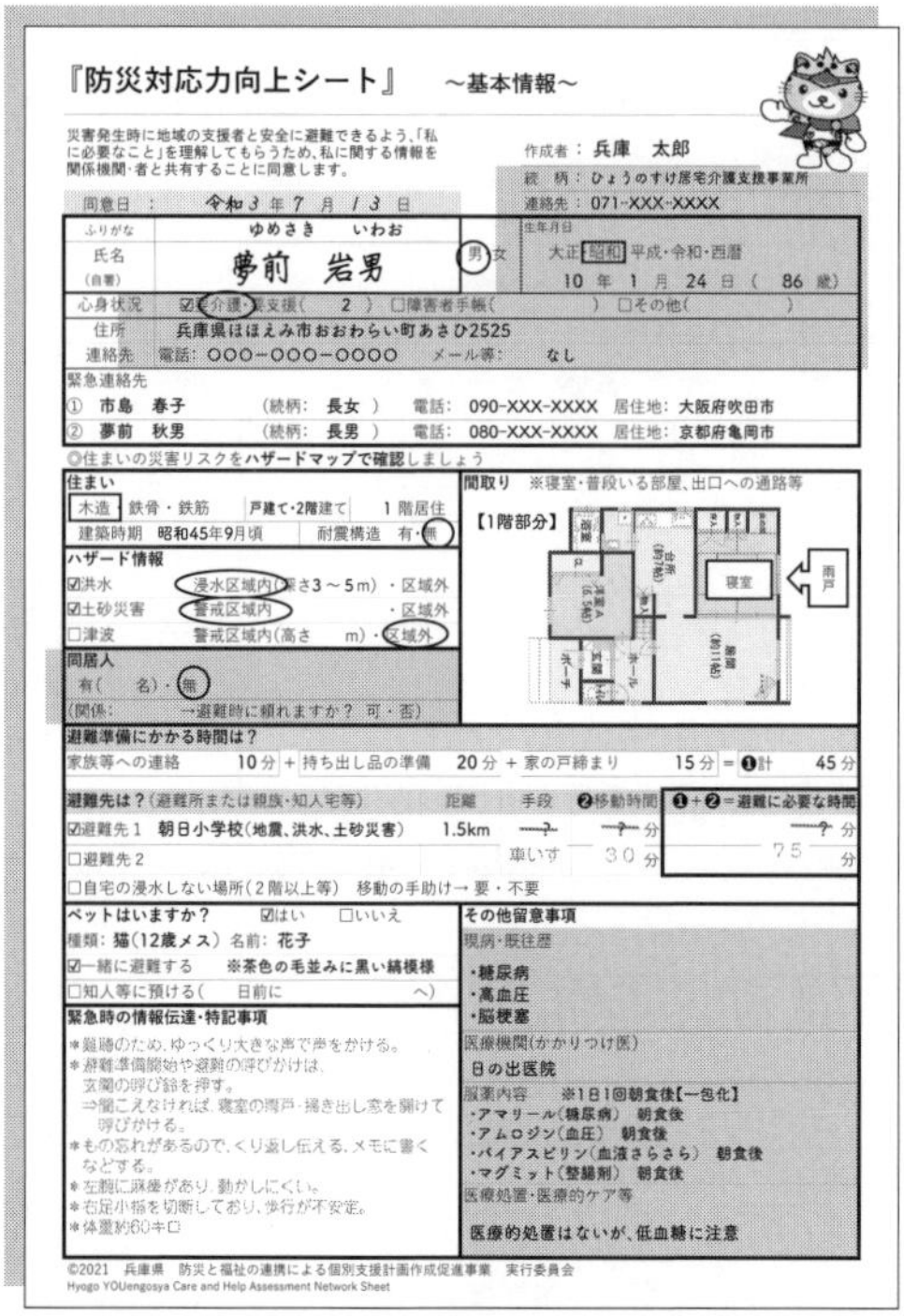

『防災対応力向上シート』　～基本情報～

災害発生時に地域の支援者と安全に避難できるよう、「私に必要なこと」を理解してもらうため、私に関する情報を関係機関・者と共有することに同意します。

作成者：兵庫　太郎
続　柄：ひょうのすけ居宅介護支援事業所
連絡先：071-XXX-XXXX

同意日：令和3年7月13日

ふりがな　ゆめさき　いわお
氏名（自署）　夢前　岩男　男・女
生年月日　大正・昭和・平成・令和・西暦　10年1月24日（86歳）
心身状況　☑要介護・要支援（2）　□障害者手帳（　）　□その他（　）
住所　兵庫県ほほえみ市おおわらい町あさひ2525
連絡先　電話：〇〇〇－〇〇〇－〇〇〇〇　メール等：なし

緊急連絡先
① 市島　春子　（続柄：長女）　電話：090-XXX-XXXX　居住地：大阪府吹田市
② 夢前　秋男　（続柄：長男）　電話：080-XXX-XXXX　居住地：京都府亀岡市

◎住まいの災害リスクをハザードマップで確認しましょう

住まい
木造・鉄骨・鉄筋　戸建て・2階建て　1階居住
建築時期　昭和45年9月頃　耐震構造　有・無

ハザード情報
☑洪水　浸水区域内（深さ3～5m）・区域外
☑土砂災害　警戒区域内・区域外
□津波　警戒区域内（高さ　m）・区域外

同居人
有（　名）・無
（関係：　→避難時に頼れますか？　可・否）

間取り　※寝室・普段いる部屋、出口への通路等
【1階部分】　寝室　雨戸

避難準備にかかる時間は？
家族等への連絡　10分 + 持ち出し品の準備　20分 + 家の戸締まり　15分 = ❶計　45分

避難先は？（避難所または親族・知人宅等）　距離　手段　❷移動時間　❶＋❷＝避難に必要な時間
☑避難先1　朝日小学校（地震、洪水、土砂災害）　1.5km　車いす　30分　75分
□避難先2
□自宅の浸水しない場所（2階以上等）　移動の手助け→要・不要

ペットはいますか？　☑はい　□いいえ
種類：猫（12歳メス）　名前：花子
☑一緒に避難する　※茶色の毛並みに黒い縞模様
□知人等に預ける（　日前に　へ）

緊急時の情報伝達・特記事項
＊難聴のため、ゆっくり大きな声で声をかける。
＊避難準備開始や避難の呼びかけは、玄関の呼び鈴を押す。
⇒聞こえなければ、寝室の雨戸・掃き出し窓を開けて呼びかける。
＊もの忘れがあるので、くり返し伝える、メモに書くなどする。
＊左腕に麻痺があり、動かしにくい。
＊右足小指を切断しており、歩行が不安定。
＊体重約60キロ

その他留意事項
現病・既往歴
・糖尿病
・高血圧
・脳梗塞
医療機関（かかりつけ医）
日の出医院
服薬内容　※1日1回朝食後【一包化】
・アマリール（糖尿病）　朝食後
・アムロジン（血圧）　朝食後
・バイアスピリン（血液さらさら）　朝食後
・マグミット（整腸剤）　朝食後
医療処置・医療的ケア等
医療的処置はないが、低血糖に注意

©2021　兵庫県　防災と福祉の連携による個別支援計画作成促進事業　実行委員会
Hyogo YOUengosya Care and Help Assessment Network Sheet

確認しましょう。

- 網かけの部分は、普段のケアマネジメントで情報を持っている。
- 緊急連絡先は、その人の居住地も確認しておこう。避難先になりうるかどうかも確認しよう。
- 住まいは、1981 年以前に建てられたものの場合、耐震性が低い可能性が高いので注意が必要。
- 間取りは、寝ている場所や配置が分かると、避難を呼び掛けにいく時に本人を探しやすい。
- ハザード情報は、必ず最新のハザードマップで確認を。
- 避難にかかる時間を計算しよう。準備に時間を取られると、避難時間が延びることに注目。
- ペットの情報はチェックリストと合わせて確認を。
- 最後に、記載情報を地域で共有することの同意を得よう。

図13　基本情報②：記入例

利用者さんに、いつできた建物なのか、聞いてみてください。一九八一（昭和五六）年に建物の耐震基準が、新耐震基準に変わりました。一九八一年の新耐震基準では、震度5では建物に損傷は起こらず、震度6強から震度7でも、建物は崩壊しない程度の強さとされています。しかし、一九八一年以前の建物に関しては、耐震診断を行って、必要であれば補修を行う必要があります。

なお、二〇〇〇（平成一二）年には、木造戸建て住宅の基礎や壁や柱の基準が強くなるように、再び耐震基準が変わりました。ですので、二〇〇〇年までの建物も、耐震診断を受けることを検討していただきたいと思います。

シートの中央の大きな空欄は、家の間取りを描くところです。これは、例えば地域住民の支援者が、利用者ご本人の家の中まで入って迎えに行く際に、家の造りがどうなっていて、利用者さんがどこで過ごされているのかを確認するのに必要となります。普段は入ることのない人の家の中で、どこにどんな部屋があるのか、どこに利用者さんがいるのかが分からないと、困ります。また、状況によっては、夜の暗い中を迎えに行くこともあるでしょう。素早く利用者さんを迎えに行けるように、家の中がどんな間取りになっているのか、分かる程度の図を描いてください。

次にその下の欄ですが、ここには、避難にかかる時間を計算する欄があります。例えば、皆さんが、「最寄りの避難先の小学校まで、避難にかかる時間は何分ですか？」と聞かれたら、どう答えますか？　大体、小学校まで、子どもの足で一五分なら、荷物を持っていても、大人が急げば同じくらいか、もっと早くたどり着ける……一五分か、一〇分か、と思いませんか？

でも、実際は、家に居る時に、「今から、避難します、いつ帰って来られるのか、分かりません」と言われて、即座に家を出られる人は、あまりいないと思います。持ち物を用意して、ガスや電気を消して、雨戸や戸締りを確認して……一五分で避難完了かと思っていたら、結局一時間ぐらいかかる、ということが予測できると思います。

是非、計算をしてみてください。そして、思ったよりも時間がかかるから、できるだけ早くから準備をすることが大切だ、と感じてもらえるとよいかと思います。

なお、ペットの欄が、この基本情報のシートにもあります。ここにも必要事項を書いておきましょう。できたら、最後に情報共有の同意を確認して、利用者さんにお名前を書いてもらってください。

防災対応力向上シート③——マイ・タイムライン

マイ・タイムラインの概要

では、最後に三つ目、「マイ・タイムライン」を作りましょう。

手元の用紙の右側をご覧ください（六五ページ**図14**）。これが、マイ・タイムラインです。マイ・タイムラインは、主に気象災害で、予報が数日前から出る場合などに役立つ計画表です。状況に合わせて、警戒レベル1から順に行動していきます。左を見てもらったら分かるように、上から順に、警戒レベル1、2、3、4、5が並んでいます。

皆さんは、これまでお持ちのスマートフォンや、テレビやラジオなどから「警戒レベル3」や「警戒レベル4」の発令を見聞きしたことはありますか？　台風や長雨の時期などに時々発令され、高齢者等の避難開始や、全員避難の通知がなされています。ご存知ない場合は、これから先で台風が近づいた時などは、注意

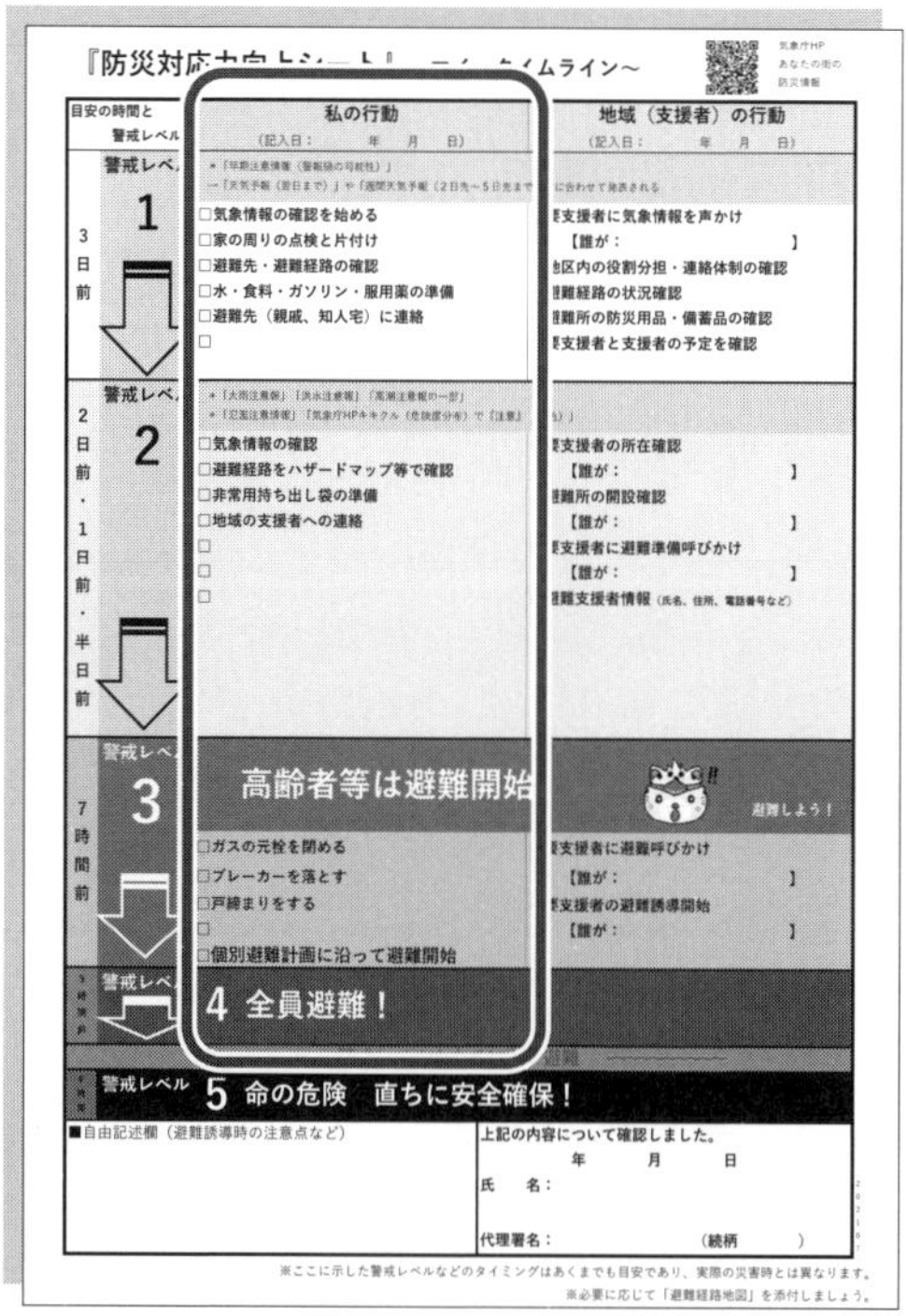

確認しましょう。

- マイ・タイムラインとは、気象災害（台風・長雨による洪水・土砂災害など）の際に、状況に合わせて順番に行動していく計画表。
- 気象庁や市町発表の警戒レベルや相当の発令情報に合わせて、「警戒レベル1」～「警戒レベル5」まであり、その時々の行動が記載されている。
- **高齢者等避難開始は、「警戒レベル3」である。**
- 防災対応力向上シートのマイ・タイムラインは、「私」と「地域」のタイムラインがあり、当事者力アセスメントでは「私」の欄を記入する。
- 「地域のタイムライン」は地域調整会議で確認する、支援者の動きも把握できる。

図14　マイ・タイムライン①：全体像

をして確認してください。

なお、このマイ・タイムラインのシートの右上にＱＲコードがありますが、スマートフォンなどで読み取ると、ここから気象情報や注意報・警戒情報を確認することができます。最新の情報を知りたい時には、ご利用ください。

また、その警戒レベルは、気象庁や市町村の発表で確認しますが、気象の変化の速さによっては、１、２、３と順番に一日ずつ進まず、１の次に突然３や４が出る場合もあります。シートの左端に目安時間が記載されていますが、この通りに行くわけではありません。ですので、台風が発生した場合や、雨が長く続くような予報が出た時には、天気予報をこまめに確認するようにしましょう。

利用者さんに伝えていただきたい大切なことは、「警戒レベル３」になったら避難する、ということです。警戒レベル３になった時に、スムーズに避難行動ができるように、レベル１と２では、マイ・タイムラインに記載されている準備の行動を順番に行います。

シートの左半分は、「私の行動」、つまり、利用者さんご自身が行う行動です。今から、ここを確認していきます。シートの右半分は、「地域支援者の行動」です。ここは、後日、地域の皆さんと確認して記入していきます。

警戒レベル1の場合

では、始めましょう。

まず、日頃から、お天気の確認は欠かさずするようにしましょう。日にちの確認、ニュースとお天気の確

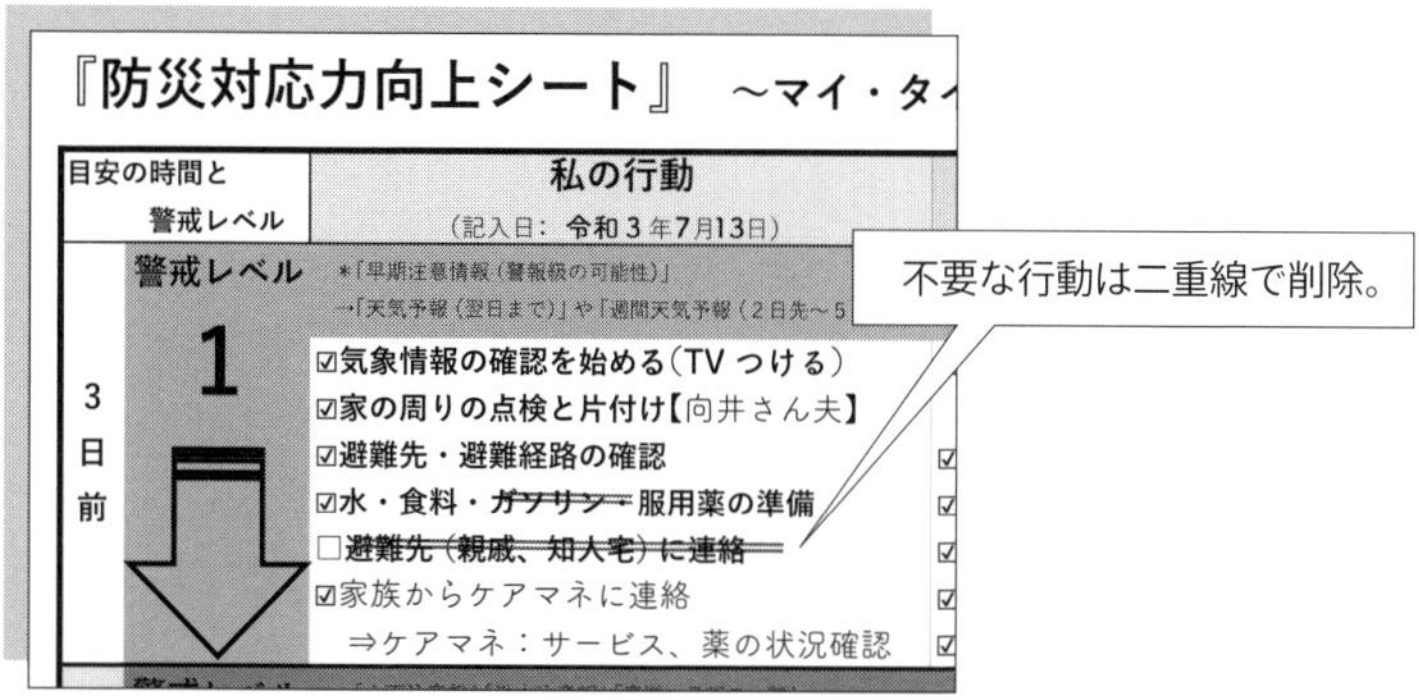
『防災対応力向上シート』　～マイ・タイ
目安の時間と
警戒レベル
私の行動
（記入日：令和３年7月13日）
警戒レベル
＊「早期注意情報（警報級の可能性）」
→「天気予報（翌日まで）」や「週間天気予報（２日先～５
1
3
日
前
☑気象情報の確認を始める（TV つける）
☑家の周りの点検と片付け【向井さん夫】
☑避難先・避難経路の確認
☑水・食料・~~ガソリン・~~服用薬の準備
□~~避難先（親戚、知人宅）に連絡~~
☑家族からケアマネに連絡
⇒ケアマネ：サービス、薬の状況確認
不要な行動は二重線で削除。

（日頃から）

- 日頃から、天気予報を確認しよう。

警戒レベル１

- 「警戒レベル１」という表現では発表されない。「早期注意情報（警報級の可能性）」が出たら、警戒レベル１の動きを始めよう。「どうやら、数日後に台風がこちらにくるようだ」と聞いたら、警戒レベル１だと考えよう。
- ラジオやテレビなど気象情報は頻繁に確認またはつけっぱなしで確認。
- 買い物に行ける状況、福祉サービスが来てくれる間に、食料や水、薬、その他必要なものを購入するなどして手に入れる。
- 親族等を頼り、遠方へ避難するのであれば、このタイミングで連絡し問い合わせる。（親族宅へ行く場合は、地域の担当者にも連絡を）

※マイ・タイムライン右上のQRコードから、防災情報（警報等の発令の確認）を確認できる。
※地域調整会議では、地域のタイムラインを確認し、本人を支援するための連携を確認しよう。

図15　マイ・タイムライン②：警戒レベル１の場合

認、窓の外を見て空模様の確認を日課にするといいですね。

そして、初めに警戒レベル1が出た時です。ですが、皆さんはこれまで、テレビやスマートフォンのアラートで、「警戒レベル1です」というのを見たことがありますか？

きっと、ないですよね。ないんです。「警戒レベル1」という表現では、広く発表されていません。ですから、確認したい時には、シートのQRコードや、気象庁のホームページなどを確認すると分かりますし、天気予報で「早期注意情報、警報級の可能性のことが起こりそう」という話を聞いたら、警報レベル1だと思ってもらいたいです。しかし、利用者さんには少々ハードルが高いかもしれません。目安として、台風が発生して、こちらに向かって来そうだという時、あるいは長い雨が予想される時には、警戒レベル1だと思ってください。

なお、シートにも記載されていますが、「私の行動」としてすべきことは、気象情報をこまめに確認することです。また、家の周りの植木鉢や、ゴミ箱などを倒れないように片づけましょう。食料や水、薬が足りなさそうな場合は、この時点で手に入るように、買いに行ったり、もらいに行ったりするようにしましょう。ご自分で行くことのできない場合は、足りなくならないように、福祉サービスに頼るなどして、この時点で備えるように調整しましょう。

警戒レベル2の場合

次は警戒レベル2です。先ほどの警戒レベル1より、より一層危険が迫っている状態です。これは本当に、大変なことになりそうだ、という感覚がジワジワと迫っている感じです。

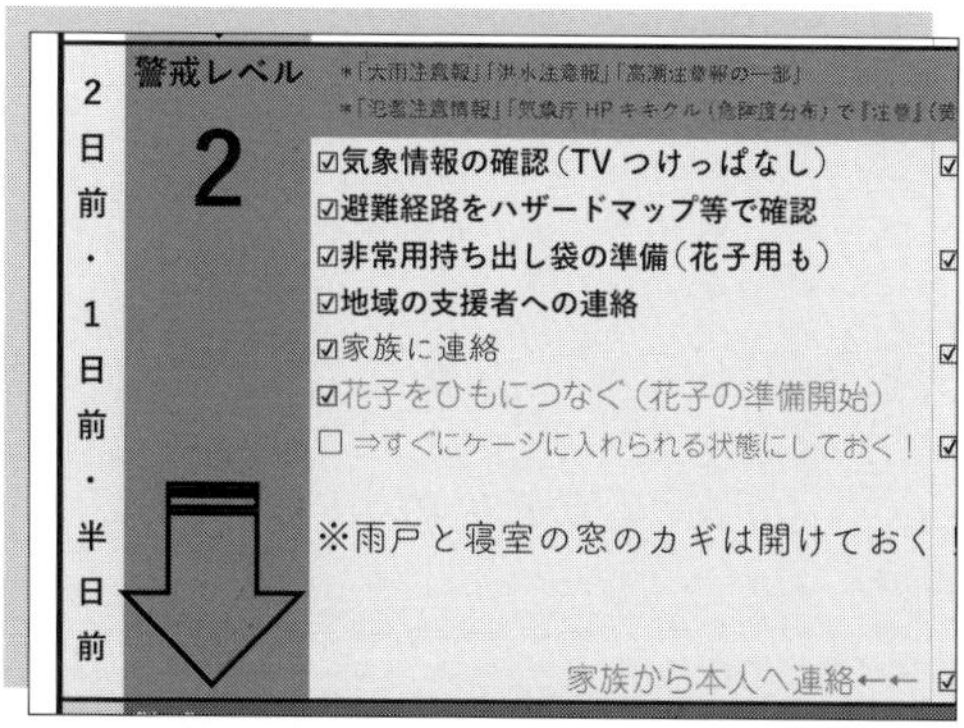

警戒レベル２

- 「警戒レベル２」という表現では発表されない。「大雨注意報」「洪水注意報」「氾濫注意情報」が出たら、警戒レベル２の動きを始めよう。
- いよいよ危険が迫っている。天気予報やニュースを注意してきこう。つけっぱなしにして、常時、確認できるようにしておくとよい。
- 避難経路の確認は、地図上で。近所の情報は、電話等で確認する。決して、一人で外に出て見に行かないようにしよう！
- 非常用持ち出し袋の中身を点検しよう。
- 非常時に持ち出す貴重品類も、身につけやすいカバンに入れて、いつでも持っていける準備をしよう。

※地域調整会議では、地域のタイムラインを確認し、本人を支援するための連携を確認しよう。

図16　マイ・タイムライン③：警戒レベル２の場合

ただし、警戒レベル２も、「警戒レベル２が出ました」という形では発表されません。ですので、大雨注意報、洪水注意報、氾濫注意情報などが出たら、警戒レベル２が発令されている状態と考えてください。

この段階では、テレビやラジオをつけっぱなしにして、天気予報やニュースを聞いておくようにしましょう。いつ警戒レベル３が発令されるか分かりません。また、避難経路の確認を、ハザードマップで行いましょう。

道や川、用水路が気になるからと言って、外に出ると危険ですから、一人では出ないでください。非常用持ち出し袋を手に取れるところに用意し、貴重品も集めておきましょう。地域の支援者や家族に、今後の動き方の確認をしましょう。

また、他に必要な行動があれば、シートに書き込んでおきましょう。

警戒レベル3の場合

いよいよ警戒レベル3が発令されたら、高齢者など避難に時間がかかる方は、避難開始です。

この段階では、避難するための行動をします。まず、ガスの元栓を締めましょう。また、電気のブレーカーを落としましょう。ブレーカーに手が届かない人は、支援者にブレーカーを落としてもらいましょう。

ブレーカーは、なぜ落とす必要があるか、ご存知ですか？　もし停電になっていたら、もう電気は消えていますが、それでもブレーカーを落としてください。ブレーカーが落とされていなければ、電気が復活した時に、電気が流れますが、その時にショートしたり、倒れた家電が過熱されたりするなどして、発火して火災が起こる可能性があります。ですので、必ずブレーカーは落としてください。なお、ブレーカーを落とすと、真っ暗になるので、ライトを用意してブレーカーを落としてください。

それから、戸締りをしましょう。残念ながら、避難した後を狙った空き巣被害に遭うこともあります。しっかり鍵を閉めておきましょう。

最後に、家を出る準備ができたら、個別避難計画に沿って、避難開始です。焦らず、慌てずに、転ばないように、落ち着いて行動しましょう。

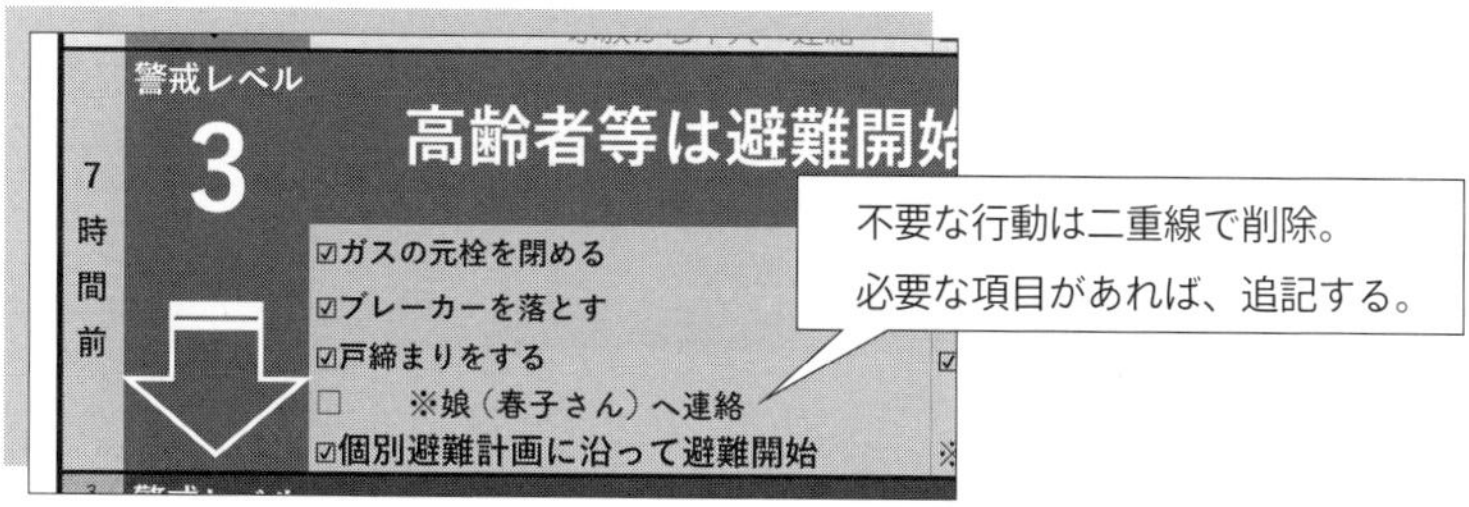
警戒レベル
3
7時間前
高齢者等は避難開始
☑ガスの元栓を閉める
☑ブレーカーを落とす
☑戸締まりをする
□　※娘（春子さん）へ連絡
☑個別避難計画に沿って避難開始
不要な行動は二重線で削除。
必要な項目があれば、追記する。

警戒レベル３

- さぁ、逃げなければ！

高齢者等避難開始は、「警戒レベル３」である。

- ガスの元栓を締めよう。
- ブレーカーも落とそう。夜間の場合、真っ暗になるので、必ずランタンや懐中電灯で照らす用意をしてからブレーカーを落とそう。
- 戸締まりもして、さぁ、慌てず、焦らず、落ち着いて逃げよう！

※地域調整会議では、地域のタイムラインを確認し、本人を支援するための連携を確認しよう。

図17　マイ・タイムライン④：警戒レベル３の場合

警戒レベル４・警戒レベル５の場合

この後は、警戒レベル４です。４では、その危険な場所にいる、すべての人が避難をします。そして、警戒レベル５は、まさに災害が起こっている状況です。命を守る行動をしましょう。

なお、警戒レベルは５までありますが、５が出るまで様子を見るのではなく、皆さんの利用者さんで「真に支援が必要な方」は警戒レベル３で避難を始める、ということを徹底してください。もし避難が「空振り」になったとしても、利用者さんには「全力での素振り」ができましたね。これで、本番への準備が万全になり、より安全が高まったとお伝えしましょう。

さて、ここまで一通りで、マイ・タイムラインの「私の行動」を確認する

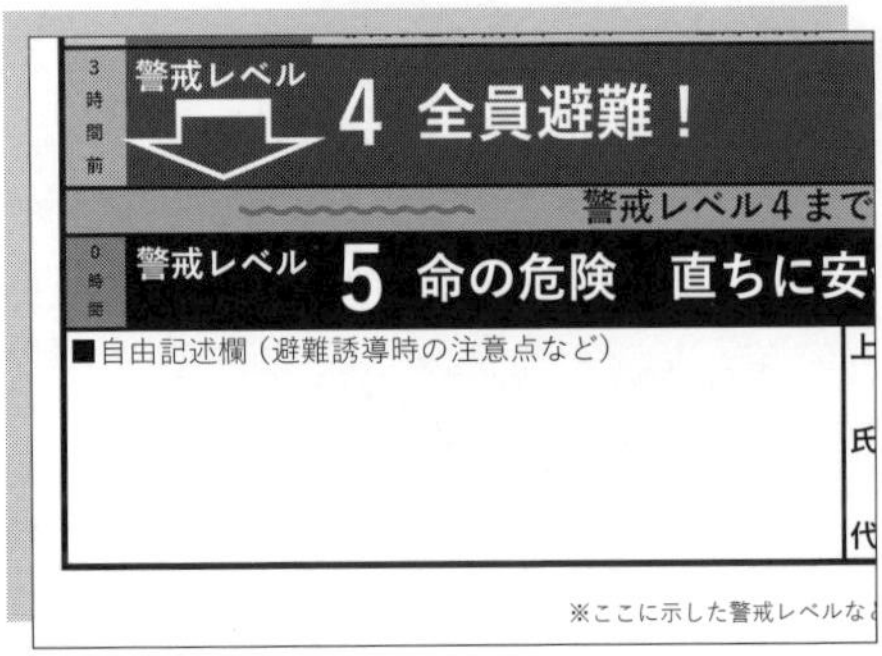
3時間前
警戒レベル
4 全員避難！
警戒レベル
5 命の危険
■自由記述欄（避難誘導時の注意点など）
上
氏
代

> 警戒レベル４
>
> • 避難指示に相当。すべての人が、難を避けられるように、避難所・安全な家の安全な場所で、安全を確保しなければならない。

> 警戒レベル５
>
> • 警戒レベル５は、すでに災害が起こっている状況を指す。
> • 「最終レベルが出たら逃げる」等言わず、警戒レベル５を待たずに早めに身を守る行動を取ることが大切。

※自由記述欄には、注意点や、支援者に伝えたいこと、地域調整会議で決めたこと、確認したこと等を書きましょう。

図18　マイ・タイムライン⑤：警戒レベル４・５の場合

ことができました。何度も言いますが、警戒レベル3で逃げるように、利用者さんに伝えてください。なお、右半分の「地域（支援者）の行動」のタイムラインは、これから作ります。

防災対応力向上シートの完成に向けて

これで、一通り介護支援専門員、または相談支援専門員と、利用者さんご本人ができる個別避難計画書作りの作業ができました。三種類のシートを見てみると、

●防災チェックリストの右下の「！考えましょう」の部分

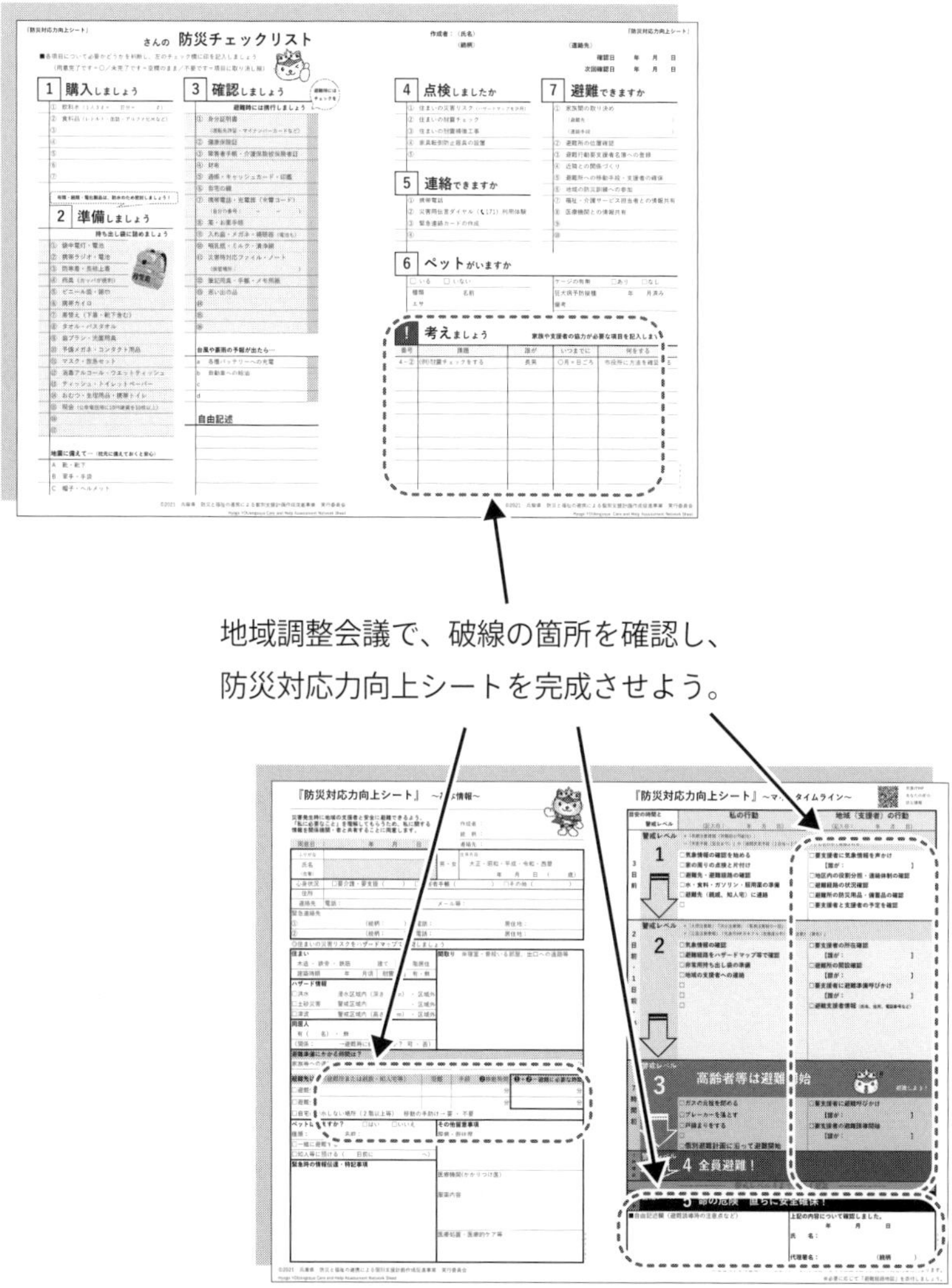
地域調整会議で、破線の箇所を確認し、
防災対応力向上シートを完成させよう。

次は、地域調整会議へ！

図19　防災対応力向上シートの完成に向けて

●基本情報の中央の支援者を記入するところ

●マイ・タイムラインの右側の「地域（支援者）の行動」のところ

以上、三カ所にこれから作る箇所があります。

では、次は地域調整会議で、利用者さんご本人と地域の支援をつなげていきます。ひとまず、皆さんに技術や知識として学んでもらう、個別支援の中での当事者力アセスメントの方法は、以上です。

膨大な量の情報を詰め込んだシートの作成を一気に行ったので、圧倒されているかもしれませんが、今後、実際に取り組まれる時は、一つずつされると思いますので、今日のこの研修を思い出しながら、確認しながら取り組んでください。

7 最後に
――当事者力アセスメントのまとめ

それでは、まとめです。

最初の皆さんは、研修の前は、以下のような疑問を抱えていらっしゃいました。

●防災のことって、分からない……

●利用者さんご本人には、何をしたらいいのだろう？

●防災用のアセスメントって、何からしたらいいの？

●地域の人は、協力してくれるのかな？

これが研修前の状態ですが、今現在はどうでしょうか？　消化しきれていない話も多いかと思いますが、でも、現在はこんな感じに変わって来られているでしょうか？

●防災のことが、少し理解できた。

●まずは、ハザードマップだ。
●利用者さん本人が「逃げなければ」と思う説明をしたい。
●取り組む手順がイメージできた。
●防災用のアセスメントの方法、防災対応力向上シートの記入法が分かった。
●計画書の作り方がイメージできた。
●誰の計画書が必要なのか、イメージできそう。

まずは、自然災害はいつ発生するか分かりません。今から一つずつ進めていきましょう。利用者さんが安心して生活できる社会は、地域社会に暮らす私たちの安心安全も実現できる社会です。このブックレットでの学びをもとに、利用者さんへの働きかけを始めていきましょう。また、皆さんご自身や周りの人へも備えることの大切さを伝えてください。皆さんのアセスメントや備えへの学びは「誰一人取り残さない防災」の実現への大きな力です。諦めずに、根気良く、一緒に続けていきましょう。

監修者あとがき

〈i-BOSAIブックレット〉第一号で解説したように、誰一人取り残さない防災を実現するためには、誰一人取り残されないように当事者が力を高める、誰一人取り残さないように地域が力を高める、誰一人取り残させないための合理的配慮を提供できるように行政が力を高めるという三つの力がスクラムを組みことが必要です。ブックレット第二号に当たる本書では、福祉専門職はどのようにして災害を生き抜く力、すなわち当事者力の現状を知り、どのような方向でその向上を目指すのか、その考え方（アセスメント）の基本を取り上げています。

本ブックレットでは、当事者力を防災リテラシーとして定義しています。防災リテラシーは、①脅威を知る、②備えを自覚する、③とっさの行動への自信を高める、といった方法で高めることができます。このために福祉専門職が活用できる道具として、第一にハザードマップがあります。これを使って利用者はどのような脅威にさらされているのかを説明できるようになっていただきたい。第二に防災力対応向上シートがあります。ここでは、当事者がどのような脅威にさらされているのか理解をもとに、どのような備えをしておくのか、さらには脅威の水準が低い警戒レベル1（早期注意情報の発令など）で取るべき行動、警戒レベル2（大雨や洪水注意報など）で取るべき行動、警戒レベル3（大雨警報や洪水警報など）でためらわずに避難、といった対策を時系列であらかじめ決めておくこと（これをマイ・タイムラインと言います）、さらには各警戒レベルで、地域の自治会・町内会の役員や直接に支援に当たる住民の人たちが取るべき行動を真横に並べて、私の行動と地域の行動をひもづける準備をします。私の行動と地域の行動のタイムラインのひもづけはブックレット第三・四号で取り上げる地域調整会議の場で行いますが、これが完成できれば個別避難支援計画の中味はできたも同然です。

〈i―BOSAIブックレット〉第二号に当たる本書は、二〇一六年四月から大分県別府市で障がい当事者や支援者の市民団体（福祉フォーラムin別杵・速見実行委員会）や別府市危機管理課の村野淳子さんたちと始めた「誰一人取り残さない」防災事業から生まれた鍵となる考え方をもとに、兵庫県での横展開を目指して二〇一九年度に監修者たちが行った福祉専門職研修の基本カリキュラムに準拠し、二〇二〇年度以降、研修を全面的に引き継いでいただいた兵庫県社会福祉士会が作成した研修テキストをもとにしています。これまでに監修者や兵庫県社会福祉士会が実施した福祉専門職研修の受講者は、兵庫県内の福祉専門職だけでもすでに二〇〇〇名近くとなり、本ブックレットで解説する取り組みは兵庫県全四一市町で「防災と福祉の連携による個別避難計画作成促進事業」として一般施策化されました。このような動きが一つの大きな参考となり二〇二一年五月に国は災害対策基本法を改正し、「真に支援が必要な方」に対しては本ブックレットが提唱する手順で個別避難計画を作成することを全国の市区町村に努力義務化しました。

本ブックレットの主題は、福祉と防災を切れ目なく連結することによって誰一人取り残さない防災が実現できるということです。第二号の本書を読まれ方々は、これまでの経験や訓練、そして当事者に寄り添うという専門職の姿勢が、福祉防災の取り組みにも切れ目なく活用できるという確信をもって頂けたと思います。本書に続く第三号・第四号では、事例をもとに、当事者に寄り添いながら、アセスメントで示された解決の方向性を地域のインフォーマルな支援と具体的にどのようにつないでいくのかを、実践的に考えていきます。

なお本ブックレット公開には、科学技術振興機構（ＪＳＴ）社会技術研究開発センター（ＲＩＳＴＥＸ）ＳＤＧｓの達成に向けた共創的研究開発プログラム〔ソリューション創出フェーズ〕「福祉専門職と共に進める「誰一人取り残さない防災」の全国展開のための基盤技術の開発」（JPMJRX19I8）（二〇一九年一一月一五日～二〇二三年三月三一日、研究代表　立木茂雄）の経費を活用しています。ここに記し、感謝申し上げます。

最後になりましたが、本ブックレット第二号の出版を快くお引き受けいただいた萌書房の白石徳浩社長、編集作業を短期間で大変丁寧に進めていただいた矢部景子さんに心より感謝申し上げます。

立木茂雄

二〇二二年七月一九日

i－BOSAIブックレット№2

誰一人取り残さない防災のための、
当事者力アセスメントの進め方

2022年9月5日　初版第1刷発行

監　修　立木茂雄
著　者　森保純子
発行者　白石徳浩
発行所　有限会社　萌書房
〒630-1242　奈良市大柳生町3619-1
TEL　0742-93-2234
FAX　0742-93-2235
[e-mail] kizasu-s@m3.kcn.ne.jp
装　幀　はやしとしのり
印　刷　共同印刷工業株式会社
製　本　新生製本株式会社

ISBN978-4-86505-153-4

「i-BOSAIブックレット」発刊に際して

多くの災害が起こるたびに、年齢がより高い人や障がいのある人たちに被害が集中してきました。また、女性や生活困窮者、その他のマイノリティの人たち、あるいはニューカマー・一時滞在中の外国籍の人たちが被災すると、社会の根底にある社会的障壁により支援の手が届きにくい事例にも枚挙に暇がありません。このような状況をなんとか解決したい。

そのために、防災をどのように考えるのか、あるいは私たちはそれぞれの立場からどのような関わりをしていくべきなのか、それらの問題をこのブックレットの中で考えていきたいと思います。「ｉ－ＢＯＳＡＩ」の「ｉ」はinclusive（包摂的＝誰一人取り残さない）の「アイ」、私（Ｉ）から始めるの「アイ」、「愛のある防災」の「アイ」です。

目標は、誰一人取り残さない防災の実現です。当事者が誰一人取り残されない。地域社会は誰一人取り残さない。そして自治体・行政は誰一人取り残させない。これら三つの力を重ね合わせることによって、高齢の人や障がいのある人たち、そして支援の手が届きにくいすべての人たちの被害を最小限に留め、ひいては命を守りたいのです。

本ブックレットが、「誰一人取り残さない防災」実現への一歩となることを願って已みません。

（二〇二〇年八月）